ベースキャンプの下から見上げるダウラギリ。
左側のスカイラインが今回登った北東稜だ

左から筆者、コックのアガムさん、シェルパのペマさん、
パッサンさん、齋藤明さん、ビカスさん

最終キャンプ手前の最後の斜面。
午後2時前、太陽が頂上の向こう側に隠れると突然寒くなる

ベースキャンプへ向かうキャラバン中、
岩小屋でカレーを作るシェルパのペマさん

ベースキャンプでは登山の安全を祈る
チベット仏教の祭りが開かれた

今回は重荷のほとんどをラバが運んでくれた

キャンプ1の下で高さ100mもの雪煙を上げる巨大な雪崩

ぶらっとヒマラヤ

藤原章生

毎日新聞出版

はじめに

「えっ、俺がジャーナリスト？　なんで？」

27歳の私は、東京・目白の居酒屋で、友人の顔を、いぶかるように見返しました。彼がこう言ったからです。

「お前がエンジニアになるとはなあ。俺、お前、ジャーナリストになると思ってたよ」

その頃、私は住友金属鉱山という会社に勤めていました。5月の連休、金鉱山のある鹿児島の事業所から親元の東京に戻った晩、久しぶりに会った中学時代の友人と居酒屋のカウンターで熱燗《あつかん》を飲んでいました。

「だって、俺、理系だし、原稿なんて書いたことないし。毎日、リポートは書くけどな」

「うーん、でも、なんとなくなあ」

「ジャーナリストって新聞記者のことだろ」

「うん、そうだな」

「だけど、俺、新聞なんかまともに読んだことないし、スポーツ新聞ぐらいしか」

「でも、そんな気がしたんだよなあ」

そのときは全く心が動かなかったどころか、そもそも記者が何をやっているのかにも興味が湧きませんでした。

友人との話はそれ以上続かず、2人とも中学時代から山登りをしていたので、そっちの話へ流れ、その晩遅く、私は親の家に帰りました。

深夜だったこともあり、両親は寝ていて、私は枕元のスタンドをつけて小説を読みながら眠りにつき、朝を迎えました。

すると、不思議なことに、気持ちだけでなく、周囲までもがいつにも増して明るく思え、私はすっかり解放された気になっていました。

「そうだったのか。そうだったんだ！」

その時点で決めたというより、もう気分は完全に新聞記者になっていました。

後にも先にもあのような体験は一度もありません。寝る前にあれこれ考えていたわけでもなく、友人の言葉を反芻《はんすう》したわけでもありません。すっかり忘れていたのに、起きてみると、何もかもが一変していたのです。

でも、そのときでさえ、新聞記者の仕事などよく知りませんし、知りたいとも思っていませんでした。ただぼんやり浮かんでいたのは、エルサルバドルなど中米の内戦地帯を歩いている自分の姿、イメージでした。

鹿児島の事業所に戻るとすぐに辞表を出しました。

「何だ、これは！」と驚いた上司や先輩たちに慰留され、結局、働きながら、試験を受けることにしました。

その日から私は毎日、仕事を終えると、生まれて初めて新聞を熟読し、作文の練習をし、どういう風がどう吹いたのか、その年の秋、新聞社の試験に受かりました。

「もうなった！」というあの朝の異変はただの妄想ではなかったのです。

通信社、ラジオやテレビにも記者がいることを後で知ったのですが、どうしてだか私は「新聞記者」しか念頭にありませんでした。

突然、舞い降りた夢想が現実となったのは1989年4月、28歳になる直前でした。

後にこの話をアフリカのコンゴ民主共和国で会った、カトリックのシスター、中村寛子さんにしたら、「それは召命ですよ」と言われました。召命とは神に与えられた使命のことです。結婚が決まっていたのに、突然、天啓を受け、シスターになる決心をした彼女と同じだというのです。

時に辞めたくなることもありましたが、シスターの言葉を思い出し、ぐっとこらえ、私は新聞記者を続けてきました。その間、ヨハネスブルク支局長、メキシコ市支局長、ローマ支局長、編集委員と肩書がつくことはありましたが、基本、やってきたのは、毎日勉強し、取材し、「いい原稿」を目指してきただけです。ジャーナリズムとは、新聞の役割とは、といった高邁《こうまい》なことはまず考えず、編集や管理職は一切せず、というか、一切任されず、ただ、「少しでもうまくなりたい」「読ませるものを書きたい」と原稿だけを書いてきました。

そして、はっと気づいたら30年という月日が流れていたのです。

ああ、人生って、なんて短いんだろう。いくら書いても、全然楽にならない。ゴールなんてないじゃないか、と思った頃、ヒマラヤの８０００ｍ峰に行きたくなりました。初めての長期休暇です。

50代後半という年齢のせいか、少し重い言い方をすれば、生を、死を身近に感じてみたくなったのか。またしても、一瞬にして行動に移りました。

この本は、ヒマラヤを舞台に一人の人間の心の移ろいをつづったものです。登山を介し、それなりの年になった人間が考えた老い、恐怖、死、そして生についての記録です。

藤原章生

目次

1

きっかけは唐突に

「これは避けようがないこと。初めから決まっていたことなんだ」

ヒマラヤのダウラギリI峰（8167m）を登っているとき、何度かそんな言葉が浮かんだ。

ダウラギリはヒマラヤにある世界第7位の高峰のことだ。

「ヒマラヤに行った」と言うと「え？　エベレスト登ったの？」と何度言っても間違える人がいるが、実はヒマラヤは「ヒマラヤ山《さん》」のことではなく、山脈、山の連なりの総称なのである。

世界にはこのヒマラヤと、そのすぐ近く、北西の位置にあるカラコルム山脈にだけ標高8000mを超す山があり、その数は14座におよぶ。

だいたい「座」という数え方がすごい。これは高い山に限った数え方で、低い山の場合は「百名山」を「百名座」とは呼ばないように「一山」「二山」と数える。また、低くても尖っている山の場合「一峰」「二峰」と呼ばれたりもするが、「座」という言い方はそうそう使わない。星座、神の台座、政権の座、銀座と、「座」というとちょっと特別な感じがするが、私が以前暮らしていた地名も「新座《にいざ》」なので、そう珍しいものでもないのだが、山の場合、やはり基本は8000m以上にしか使わない不文律ができている。

そんな14座の中で最も高いのがエベレストで、標高は8848m、以下、最も難しいといわれるK2（8611m）、カンチェンジュンガ（8586m）と続き、高さがぐーんと落ちて7番目にあるのがダウラギリと名のつくいくつかの山でも最も高いI峰の8167mだ。

新聞記者を始めて31年目の秋、私は初めて2カ月もの休暇をとり、登山エージェントや装備代、渡航費などもろもろ合わせて200万円もの大金をはたいて、このダウラギリに来ていたが、早々に心の中で弱音を吐いていた。

「なぜ、わざわざこんなに苦しい思いをしているのか」「俺はこんなところで一体、何をやっているんだ。思うようにならない、ままならない仕事、原稿からの逃避か。老いを認めたくないがゆえの最後のもがきか。何を今更、こんなことを俺はやってるんだ」

高山病は、標高4700mあたりから7300mにかけ、ほぼ1000mおきに私を襲ってきた。

これまで見たこともないスケールの、圧倒的な自然の中に身を置きながら、頭痛や呼吸の苦しさにあえぎ、スローモーションのような動きの中で、私は水中で水をかくようにもがきながら、頭の中でぐじぐじと愚痴を繰り返していた。

だいたい58にもなった普通の男が、何を今更。何をやろうっていうんだ。

栄光？　そんなもの、あるわけない。8000m峰などそのすべてが半世紀も前に登り尽くされ、バリエーションと呼ばれる難ルートも大方は登られている。本多勝一《かついち》氏がかつて書いたように、探検としてのアルピニズムなど、とうの昔に死んでいる。そんなことは重々承知なのに、シェルパに連れられ今更ノーマルルートを登ったところで、誰一人評価する者などいない。目新しさなど、ひとかけらもないからだ。

1980年代なら、「邦人がダウラギリ登頂」と新聞のベタ記事くらいにはなったかもしれないが、すでに何百人もが登頂している山だ。もし、そこに栄光があるとしたら、あくまでも自分ひとりで完結する自分の中の栄光、ナルシシズム、自己満足にすぎないじゃないか。

それなら別に8000mでなくてもいい。7000mでも、いや北アルプスでも東北の飯《いい》豊連峰《でれんぽう》でもいい。目標を据え、そこに到達し、自分の頭の中にファンファーレを鳴らせばいい。何もわざわざ、こんな遠くまで来ることはない。

と、何から何まで否定的になるのは高度障害の典型的なパターンだ。

でも、考えてみればそう単純ではない。自分は何も栄光を求めて来ているのではない。それなら誰かに「行くよ」と伝えてきているはずだ。ほとんど誰にも告げず、SNS（ネット交流サービス）でもひけらかさずに来ているということは、私の場合、栄光が狙いなのではない。

やはり、8000mという言葉がいけないのだ。8000と聞くと、まるでそこにジオイド、強い磁力が働くかのように、理屈抜きですっと耳を引き込まれる。

この気持ち、いったい何だろう。

きっかけは2013年にさかのぼる。いや、正確に言えば、2011年の東日本大震災がそこに間接的に絡んでくる。

私は2012年春、4年間のイタリア駐在を終え帰国すると、毎日新聞東京本社の夕刊報道部という部署に異動となった。ここは夕刊の2面、3面のほぼ全面を使った大きな記事、「特集ワイド」を10人あまりの記者たちが交代で書く職場で、私は帰国のたびにここへの配属を希望していた。

最終キャンプを出発する＝2019年10月10日、筆者撮影

というのも、私は自分が今いる場所、目の前で起きていることを書きたい方で、遠方の話を何かを読んだり聞いたりするだけで書くのがあまり好きではなかったからだ。

日本の新聞社の場合、海外で駐在した記者の多くは帰国すると、次に特派員として海外に出るまでの間、外信部、国際部などと呼ばれる東京本社の部署に置かれることが多い。そこで人の原稿を直したり、他の部署との調整や、整理記者と呼ばれるいわば編集者とのやりとりなどを担当する「デスク」という仕事につくか、海外特派員の補佐や次に海外に出るまでの準備をする「内勤」と呼ばれる職につく形になる。

しかし、これはつまらない。私は南アフリカに5年半、メキシコに5年、イタリアに4年滞在した際、まさに1日24時間、今いる自分の国、地域の理解にひたすらつとめた。そして、その理解から得た考えや感情を自分なりに咀嚼《そしゃく》して原稿という形で表に出す。たった一人の作業というわけではない。私には妻と子供が3人おり、それぞれの地に彼ら全員が同居していたので、彼らの体験、視点も取り込み、その地に関する話をひたすら紡いでいった。自分一人ではなく、妻にも子供たちにも陰に陽に、その社会を取材させていたのだ。生活者の視点である。

それぞれの地から帰国し、次の地に行くまでの1年ないし2年間を日本で過ごすわけだが、取材者としては、自分が再び暮らし始めた日本について理解を深めたいと思うのは当然のことだろう。目の前の現場が南アフリカであったりイタリアであったりするのと同じように、現場は日本なのである。

目の前に現場がなくても書いたり研究したりできる器用な人はいる。例えば、どこかから戻ってきて、その地について東京で情報を集め、さらに理解を深めるといういわば専門家、スペシャリストと呼ばれる人たちだ。

でも、私の場合、どういうわけか今現在、目の前で起きていることにしか強い関心が向かない。もちろん、弱い関心はあるから、できないことはないのだが、自分でやっていて面白みがない。

例えば、私はアフリカを舞台にした本でノンフィクション賞をとったため、その続編か、再びアフリカについての本を書くように求められたが、そのときのフィールドはラテンアメリカだったため、コロンビアを舞台にした本を書いた。次はキューバ、イラク、ギリシャ、イタリア、日本と、自分の住処に応じて書く対象、舞台が変わっていった。

例えばアフリカやイタリアのスペシャリストの場合、その地に一時暮らし、そこを離れ、しばらく住んでいなくてもその地について追い続け、何かを発信し続けることができるが、私にはそれができない。目の前にいないと、実感が伴わないのだ。遠距離交際ができないのと似ている。

と、そんな理由から、私は日本にいるときは常に日本を真正面から取材したいと考え、帰国のたびに希望の配属先を「特集ワイド」にしていた。

そこで長文記事を書きながら、それと並行する形で、近未来を予測する年間企画のアンカーマン、つまり取材グループの記者全員の取材メモをもとに最終的な原稿を仕上げる役を担わされ、まさに忙殺の中、突如、福島県郡山市への異動を命じられた。

帰国して1年もたたないうちに、しかも誰が見ても「一番」とまでは言わないまでも、どう控えめに見ても相当活躍している私をその部から追い出すということは、私のあずかり知らぬ社内政治的な要素が関わっていたのかもしれないが、「郡山」という音を聞いて、私は直感的にうれしくなり、即座に快諾した。いずれにしても、私は、これはいい機会だと思った。

というのも私は生まれて1年と3カ月しか福島県に暮らしていないのに、「福島県生まれ」で通してきたことに引け目というのか、面映《おもは》ゆい感じを常々抱いており、これを機に生地である福島県のことを知ることができると思ったからだ。

上司が言いにくそうに「郡山に異動なんだけど」と言ったとき、ぱっと明るい光が灯ったように感じたのは、きっと「生地に戻れる」という心理が働いた面もあったのだろう。

郡山市に駐在し到着早々に市長選を報じ終えると、私は5月の連休明けを待ち、郡山勤労者山岳会に入ることにした。郡山には全く人脈がなかったためだ。それなら趣味の登山を通じて知り合いを広げようという打算も多少はあった。同時に、その春、52歳になったばかりの私は、長年中断していた本格的な登山を再開したいと思い立った。

私は14歳の5月の連休に、兄に八ケ岳（長野県・山梨県）に連れていってもらい、初心者ながらアイゼンで雪の稜線《りょうせん》を歩いたのを機に山にはまった。以来、もっぱら一人でガイドブックを見ながらの登山道歩きをして、高校に入っても山岳部に入ろうとは思わなかった。なんだか、ああいう男ばかりの体育会系の集団を敬遠していたのだ。たった一つ学年が違うだけで先輩後輩という強い縦の関係ができているのが嫌だったし、徒党を組んで走ったりしているのもバカみたいに思えた。

それでも、何かスポーツをしたいと思い、都立上野高校に入ると早々に比較的甘そうな軟式テニス部に入った。だが、いかにもテニスに打ち込んでいるという雰囲気の先輩を先頭に不忍池《しのばずのいけ》まで走っていく途上、「上高（上野高校の略）、ファイファイ、ファイファイ」などと掛け声をあげなくてはならないのが恥ずかしい上、とてもダサいと思い、それでも我慢してしばらく続けたが、球拾いばかりさせられ、しかも球拾いの最中も練習している先輩の姿を見ながらその人の名前を呼んで「○○さん、ファイファイ!」と声をかけねばならず、それが嫌で黙って見ていると、「藤原! 声出していけ!」などと怒鳴られる。「ファイファイ」と応じると、「声が小さい!」などと言われ、少し声を張り上げて「ファイファイ」と言うと「まだ、小さい!」と言われるので、うんざりして早々に辞めた。それを強制されるのも嫌だったが、それを当たり前のことのように率先して声を張り上げたり、きびきびと球拾いするテニス経験のある新入生の姿が見るに耐えなかったのだ。

上野高校は「自主協調」という言葉を掲げ、校則もなく定期試験もなく、成績表もなく、出席さえとらず、すべて単位制、ゼミ制なので、毎日学校に行く必要のない学校だった。これはいいと大いに満足していたのに、テニス部に旧態依然とした軍隊式のスタイルが残っているのが不思議だった。

それでも、高2になって地学の先生とたまたま山登りの話をしていたら、「2年生、みな辞めちゃって、誰もいないぞ。入らないか」と声をかけられ、山岳部に入ることにした。

すると、意外にもさほどバンカラでも体育会的でもなく、そのままなじみ、大学でも山岳部に属し、私は主に沢登りや岩登り、冬山など危険度の高い山行を好んでしてきた。

28歳で結婚してても山登りを続けていたが、長男、長女が相次いで生まれた直後の31歳の冬、奥穂高の稜線直下の氷の上でツルッと滑落しそうになったのを機に、山からスパッと離れた。

といっても完全に見切ることはできず、南アフリカでもメキシコでもイタリアでも子供を連れてのハイキングや縦走、岩登りを未練たらしく続けていた。話はそれるが、小さい頃から岩登りのゲレンデで確保の手伝いをさせていたせいか、長男は大学の頃からクライミングにのめり込み、2015年、南米のチリに渡り、結局現地でセミプロのクライマーになってしまった。

郡山で初めての単身赴任を経験した私は、それこそ20代の頃のような自由を取り戻した気になり、すかさず登山を再開した。もし東京勤務が続いていたら、さほどの熱もないままダラダラとハイキング程度の山を続けていたことだろう。私は長い間、家族に、妻にどこか遠慮していたのだ。自分が本当にやりたいことをやってはいけないと。単身赴任したことで、そのくびきが一気に解けたのだろう。

山岳会を選ぶ際、大事なのは会員の多さだ。山登りは多種多様であり、会員が多ければ多いだけ、自分と志向の合う仲間を探しやすい。そんな一人に同い年の齋藤明さんがいた。夏は沢登り、冬はリッジ登りか山スキーという登山スタイルが同じで、体力もほぼ同格だった。

そんな彼が出会って間もない頃、沢のたき火を前に、こう誘ってきた。

「藤原さん、8000、行きませんか」

「8000？　いいね。行きたいね」

実現するかどうかは別にして、私の返事は明快だった。

なぜなのか。人にもよるが、山を一度志した者にとって「8000」には特別な響きがある。「ヒマラヤ」とも「カラコルム」とも違う。「8000」という音に独特の吸引力があるのだ。「アフリカに行きませんか」でも「インドに」でも「ラップランドに」でもいい。所詮は夢。実際、都合がつかずダメになるだろうとは思いながらも、「いいね」と自動的に応じてしまう魅惑がそこにある。

その年、どういう風が吹いたのか、人と人の間にどんな力が働いたのか、私はたまたま人事異動で郡山に派遣された。

もし、あの年、郡山に行っていなければ、おそらく私がダウラギリに行くことはなかった。今から思えば、郡山に着いた時点ですでに「8000」は決まっていた。それは避けようのないことだったのだ。

2

人生、計画的か衝動的か

「藤原さん、８０００、行きませんか」と誘ってきた斎藤明さんは一本気というのか、まっすぐというのか、少し変わった人だ。つまり、私とはずいぶん違うふうに物を考える人なのだ。

郡山の高校を卒業後、東京の日本ビクターで働きながらドラム演奏のプロを目指したこともあったが、ほどなく営業職にのめり込み、本田技研の関連会社に転職する。バイク販売でかなりいい成績をあげながらも、あれこれと資格を取り、20代の末に独立し保険代理業を始める。現在は小規模ながら二つの会社の取締役を務めつつ、不動産事業も手がける立派な実業家である。

そんな明さんが朝日連峰の沢のたき火を前に、こう語り出した。

「藤原さん、定年、いくつですか」

東北の朝日連峰、荒川水系の沢でイワナを手にする齋藤明さん
＝2013年8月3日、筆者撮影

「55、いや60かなあ」

「定年後のこと考えてますか。老後のこと」

「老後？」

私はそれまで、定年のことはもちろん、老後のことも全く考えていなかった。

「考えたこともないよ」と正直に応じると、明さんはこう続けた。

「私はですね。60になったら、できれば一線から退いて、毎年1個ずつ、ヒマラヤの8000m峰に行きたいと思ってるんですよ」

「8000ですか、いいっすね。でも、会社は？」

「まあ続けますけど、ほとんどは若いのに任せて、結果、自分は年の半分くらい、ネパールにいられる態勢を作っとこうかと思ってて。今はまあ、そのために稼いできたようなもんなんですよ」

この話をしていたとき、明さんも私も52歳だった。今から思えば不思議なもので、60歳はずいぶん先のように私には思えた。

年をとるにつれわかることだが、時間の感覚は過去を振り返るより、未来を遠望する方が等比級数的に長い。

小説『プルースト効果の実験と結果』（佐々木愛著）にこんな言葉があった。中年の女性司書が、卒業していく高校3年の二人に語りかけるセリフである。

二人がわたしをとても年上だと感じているように、先のことは遠くに見えるだろうけど、わたしが二人のことを、まるで自分を見ているみたいに親しく感じるように、過ぎたことは、いつでもすぐ近くに感じるのよ

そう。50歳の頃、いや40、30歳の頃だってついこの前のことのようだ。そう考えれば、ああ、人生は、なんて短いんだろう。なのに、52歳の頃の私は、60などまだずっと先で、当時は1、2年先の自分さえ、真っ白いもやの中にあった。明さんが明らかに私と違うのは、先々

のことを計画するいわばその「人生設計型の人生観」にある。

山を始めたのも、私のように単なる衝動ではなく、技術を身につけるという確固とした目的があったからだ。小学生の頃から川釣りに凝り、20代の末には、東北の深い谷を主なフィールドに、すでにイワナ釣りを究めていた。それでも飽き足らず、沢登りの技術を身につけ谷の奥へと入ろうと試みる。そうすれば、より大きなイワナに巡り合えると思ったからだ。

つまり、明さんは技術を身につけるために山の世界に足を踏み入れ、より難関な沢へと段階を踏み続けるうちに、山にはまり込んでいった。冬山で活用するスキーも私のように「転ばずに滑り降りればいいや」というふうではなく、しっかりと基礎練習を積み、1級から準指導員、指導員とトントンと資格を取ってしまう。目的さえ設定すれば、飽きることなく突き進む。そんなタイプだから「60から毎年、8000」というのも与《よ》太《た》話には聞こえず、現に、今回のダウラギリでは、それを2年も早めて実現させた。

仕事もそうで、いついつまでにマイホーム、いついつまでにアパート経営、いついつまでにビル経営と計画は綿密だ。

こうした年齢設定でちょっと思い出すのは探検家、角幡《かくはた》唯介《ゆうすけ》さんの文章だ。北極圏で食料をシロクマに荒らされ、八方ふさがりになったときの実感をこう記している。

俺の人生は終わったと思った。私には、短い人生の中で三十五歳から四十歳という期間は特別な時間だという認識があった。（略）この時期にこそ人は人生最大の仕事ができる（略）。もうこんな旅はできない。もう四十歳だ。それもただの四十歳ではない。あと一カ月弱で四十一歳になる四十歳なのだ。（略）私は人生最高となるはずの探検表現をすることに失敗したのだ。最高の作品をのこせなかった人生に何の意味があるのか。（『極夜行』）

角幡さんにインタビューする前にこの文章に目を通したときは「へえ、こんなふうに考えるんだ」と笑って読んだものが、今こうして引用してみると、「そうか、だから自分はダメなんだ」と私は突如として反省モードになったりする。

自分は40歳までに何かをしなければならない、などと考えたことがあったろうか。「藤原さんは無手勝流ですから」と言われ、褒められたと思ってヘラヘラ笑ってきたが、結局、なんでもかんでも行き当たりばったりで、「最高の作品」を残せない「意味のない人生」を送る、ということじゃないのか。

高校の頃、「好きな事だけやって一生遊んで暮らしたい」というぼんやりとした目的意識はあったが、6年半かけて大学の工学部をどうにか卒業し、なんとなく受かった住友金属鉱山で技師になり、27歳の春に中学時代の山仲間の一言で記者になっても、標的、目的はバラバラで、その場その場、居場所居場所でコロコロとテーマを広げ続ける、ひたすら散漫な人生。何か一つの目的をもってというより、何もかもが衝動である。

この先だって同じじゃないか。来年の今頃、何をやっているかもぼんやりとしかわからない。58歳の今の自分が、59歳の自分をうまくイメージできないのだ。

一方、そんな私とは正反対の明さんは過去6年、私と山登りを続けながらも、8000の計画を着実に進めていた。こちらがすっかり忘れていた2019年1月、明さんは興奮気味に私に電話してきた。

「藤原さん、ダウラギリ、行けそうですよ。許可が下りそうですよ」

ずいぶん前からネパールのエージェント、「ボチボチトレック」に安く行ける「登山枠」を探してもらっていたようで、すぐに綿密な登山計画書をメールで送ってきた。

「どうします。行きますか」

「ダウラ？　よし、行こう」

私はすかさず応じた。カネは、仕事は、休みは、体は……とあれこれ考え始めるのは、いつものように少したってからのことだった。

3

部長との面談
意外な一言

普段日程を書き入れているメモ帳の2019年1月8日の欄を見ると、舞い踊るような字でこう書かれている。

「ヒマラヤ行きの話、明さんより。急に明るい気分。早めに寝る、ぐっすり寝ちゃう」

翌9日の欄はこうだ。「朝7時に起き、9時出社。Nさんに電話して（新聞のワイド面に載せる予定の）原稿を直し、11時に出稿。ファイルなど机まわりの掃除。もう辞める気になっている。昼は同僚数人とうどん。午後、部長に辞める相談（ドトール）」

私はそれまで個人的な理由で2カ月間も会社を休んだことがなかった。入社3年目、30歳の秋、外国人に解禁されたばかりのカムチャツカ半島に山登りに行ったことはあるが、そのときはせいぜい2週間だった。ヒマラヤのダウラギリに行く以上、最低でも1カ月半はかかる。長引くこともあるので、4月から6月にかけ予備も含めて2カ月は必要だった。「行こう」と即答した時点で、私は会社を辞めようと決心していた。新聞記者を辞めようと思ったことはそれまでにも何度かあった。振り返ってみると理由は大きく3パターンある。

一つ目は海外から戻るとき。私は30代から50代にかけ南アフリカ、メキシコ、イタリアに駐在した。人事異動で東京に呼び戻されるのは、すでに現地にすっかりなじみ、人脈も友人も広がり、言葉も十分しゃべれるようになった4、5年が過ぎた頃だ。せっかく蓄えたものを捨てたくはないという、いわばせこい発想から、辞めてこの地に残るかと考えるのだが、同時に次の職場、新天地で自分がどうなるのか、という好奇心にもひかれ、辞めたい願望も割とすぐに収まっていった。実際、東京に戻れば、日本のことを書くのが面白くなり、それまでに暮らした外国の地を再び訪ねることも、書くこともほとんどなくなる。

辞めたくなった二つ目の理由は他の仕事への誘いだ。40代から50代にかけての頃、どういうわけか「大学の先生にならないか」と誘ってくる人が3人もいた。「70まで働けるよ」「給料も今の5割増しだよ」「夏休みは2カ月」「授業は片手間でいいから」などと魅力的なことを言ってくる。「柄じゃない」と断ると、半年ほどしてまた言ってくる。

実際、記者を辞め、大学の先生になった人たちを何人か知っているが、先輩の英国専門家、黒岩徹さんが自嘲気味に、でも、しみじみとこう語ったことがある。

「大学で働き始めた初日は意気揚々としてたんだよ。だけど『ああ、失敗したあ。記者、続けてりゃよかったあ』って3日目にはもう後悔してたよ」

ウディ・アレンの映画「アニー・ホール」（米、1977年）で主人公の男が、何かと面倒で小うるさい恋人、アニーとようやく別れホッとしたのもつかの間、「しまったぁ！　別れなきゃよかった」と路上で突然嘆く場面があるが、その感じだろう。

大体、記者と先生は全く違う仕事、180度逆の世界ではないか。営業マンが消防士になるようなもので、簡単に切り替えられるものでもないと、私の場合、迷う時間は短かった。

三つ目は、ぼんやりとだがうつ的な気分になり、「もう勤め人は嫌だ。自由になりたい」「解放されたい」という思いにとらわれたときだ。

「あんたの口から『自由』なんて、聞きたくない」「大体、藤原さん、デューティー（義務的仕事）ないでしょ」と管理職の同僚からこき下ろされ、「絶対辞めたらいけませんよ」などと言ってくれる読者の方もいて、2、3カ月で暗い気分は収まる。

そんな頃、決まっていいことがある。5年に1度程度だが、突然原稿がうまくなったように思える瞬間がある。錯覚かもしれないが、30年ほど記者生活をしていて、私の場合、記者といっても、報道より、400字詰めの原稿用紙にして7、8枚の読み物やインタビュー、世間で起きている出来事を考えるエッセー的なものを仕事にしてきたのだが、その原稿が突然、ぐっと一段上がるときがある。

端から見ると誰も気づかないと思うが、ミッツ・マングローブさんの「私だけの東京」(2017年10月25日掲載)という原稿を書いた直後に、はっとそんな気がした。

ミッツさんがゲイバーで働いていた頃、夜明けの第三京浜を車で東京から横浜の実家へと帰っているとき、運転しながらカツラをとったり、化粧を落としたりして、親と同居する自分のモードに戻していく。そのとき、窓の外に見える多摩川あたりの光景の描写と、それを見ているミッツさんの心象が、なんとなく短い原稿の中にうまく書けているような気がしたのだ。

「俺はブレークスルーした。一段上がった」「前よりいい原稿が書けるようになった」「まだやれる。まだ新聞記者をしてもいいんだ。ありがとう、ありがとう、まだやっていていいんだ!」

そんなふうに思える瞬間がごくごくまれにあり、このときのユーフォリア(多幸感)はかなり深く長い。ときに1カ月くらい続く。実はこういう瞬間のために原稿書きをやってきたようなところもある。

そんなこんなで28歳から57歳まで、地道に新聞記者をしてきた私だったが、いざダウラギリに行くとなると、何の迷いもなかった。すぐに、辞めるしかないと思った。

黙っていてもあと2年ほどで定年である。それを少し早めるだけだ、という思いも多少は後押しした。だが、そんな思いなどささいなことだ。

山には人間のなりわいなど瞬時にして蹴散らしてしまう力がある。

いや、そもそも山に行こうとした時点で、現実からの、世間からの逃避が始まっているのだから、職業を捨てるなどたやすいことじゃないか。

高校生の頃、カラコルムにあるK2へ向かう登山家たちのドキュメンタリーを見たことがある。この日本隊によるK2遠征については、ジャーナリスト、故・本田靖春《やすはる》氏の『K2に憑かれた男たち』が知られているが、私が見たのはテレビ番組だった。

今もよく覚えているのは登頂など登山の場面より、ひげもじゃの隊長が雪のベースキャンプで風呂に入るシーンだ。「隊長だからと偉そうに」と反感を抱いたからだろう。それと、遠征に向かう前、隊員たちが教師やサラリーマンを泣く泣く辞め、その一人が父親に玄関先で詩吟で見送られる場面だ。

そんな映像が長いこと刷り込まれていたのか、私は上司の部長に、窓際の自分の席でこう切り出した。

「ヒマラヤに行くんで2カ月休みたいんですけど、辞めるしかないですよね」

「え、ヒマラヤ？　エベレスト？」

部長はいつも以上にすっとんきょうな顔をした。

「いや、ダウラギリです」

「ダウラ？　いつから」

「4月から6月まで2カ月です」

「ちょ、ちょっと、下りよう」

二人は下の喫茶店に入り、まだコロナの前だったので、部長は顔を近づけてきた。

「だけど、それで辞めろとは言えないでしょ、会社は」

「えっ？」

「労働協約書とか見たらいいですよ。2カ月休みます、では辞めろとは言えないことになっているはずだから」

「え、そうなんですか」

私は30年も勤めてきて、てっきり、休みを取らせる権限は直属上司にあるものと思い込んでいた。すっかりだまされていた。いや自分で自分をだましていた。

「僕には休みを許可する権限がないから、人事部に聞いてみたらいいよ。それに、この春で入社30年でしょ。30年休暇があるじゃないですか」

「え？　そうか、何週間？」

「4週間ですよ。お金ももらえますよ」

私は席に戻るとすぐに人事部の若い知人にメールで連絡した。事情を伝えると、「お疲れさまです。ヒマラヤ登山とはすごいですね。ご体調に気をつけて楽しんできてください」とあっさりした物言いで、休暇担当の部員を紹介してくれた。

担当者はすぐに調べてくれ、一度も休みを申請したことのない私にはその時点で45日間の有給休暇が未消化で残されていることがわかった。30年休暇と合わせれば、60日間の休暇は余裕でとれると言う。

辞めずに済み、私はほっとした。まだ新聞記者を続けられると。

それでもそれはあくまでも協約上のことだ。長期休暇は法的には可能でも、大事なのはやはり法よりも人情である。職場の他の人間が私がいない間、迷惑するだろうと、せめて誠意を見せようと、私は4月出発に向け、普段の5割増しのペースで仕事をした。「特集ワイド」の紙面に載らなくても、ウェブ上に同じ趣旨、長さの原稿をどんどん書いていった。

そんなこんなで鼻息荒くしていた3月、明さんから連絡があった。

「ネパールのエージェントがダメだって言ってきました。西ネパールは異常な大雪で雪崩が危ないから、どの隊も延期したそうです」

「代わりにマカルー(8481m)はどうだ」とエージェントが聞いてきたが、初めての8000でいきなり8400のマカルーはきつい。私は一切ボンベを使わない無酸素登頂を狙っていたからだ。

「じゃあ、秋か来春ですね」

明さんにそう言われ、どっと力が抜け、私の原稿を書くペースもほどなく従来通りに戻っていった。

4

一般男性がダウラギリ？

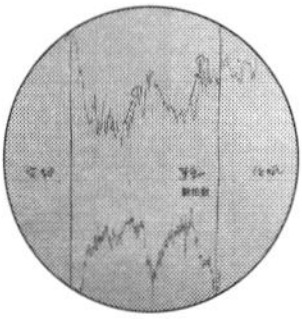

ダウラギリ行きが大雪で延期になる前の２０１９年２月１日、私は学生時代の後輩でＮＨＫのカメラマンをしている米山悟《さとる》君にフェイスブックのメッセンジャーで連絡をとることにした。この人は南アフリカやメキシコなど私が海外滞在時には必ず訪ねてきて、そのたびにあちこち連れて行ったり、ご馳走を食べさせたりと歓待してきた後輩なのだが、なぜか日本で会ってもしれっとしていて、特段私を歓迎してくれるわけでもない。まあ、海外は非日常、彼にとっては旅先なのに対し、日本に戻ってきた私は彼にとっても私にとっても日常の中にいるわけだから、歓待しようという気が起きないのもわからないでもない。それに、情けは人のためならず。別段彼から何かお返しがほしいとい

うわけでもないのだが、なんかしっくりこない気分が残るので、私としても連絡しづらいところがあるのだが、背に腹は代えられない。金曜の夜、思い立ってメッセージを入れることにした。

「久しぶり。4月、5月とダウラギリに行くんだけど、いろいろ聞きたいことがあるので、よろしく」

パソコンの画面をにらんでいると、しばらくしてメッセージが返ってきた。

「へえ、いいですね」

それだけである。ずいぶんあっさりしている。

「うわあ、すごいですね。どんなパーティーで？　ノーマルルートですか？」などと質問攻めにあうと思っていたのに、意外にあっさりしている。さては、米山、嫉妬しているなと思い、こちらも素っ気ない口調に変えた。

「高所順応のアドバイスをお願い。事前と最中の」

すぐに「既読」マークがついたが、返事がない。

NHKは毎日新聞社より労働条件が緩いのだろう。米山君は大学卒業後も山登りを続け、趣味が高じて『冒険登山のすすめ　最低限の装備で自然を楽しむ』という本まで出している。

テントもストーブも持たず、のこぎり一本と地下足袋で山に入れと促す時代錯誤的な登山本で、請われて雑誌「ちくま」に書評も書いてやったのに、全然返事をよこさない。頭にきて寝ていたら、翌日の昼になって連絡が入った。

「4000m超えの時は慎重に。4000に慣れればその上は苦労なしです。何度か4000超えをして、3700くらいで泊まったあと、4000で泊まる。悪い症状は、就寝中にきます。深呼吸、腹で深く意識して呼吸する稽古《けいこ》は、今からお勧めです。キャッチーなタイルの気功や東洋医学の本などにもわかりやすくチープに書いてあります。チープな本でも、続けることが肝心です」

「チープ、チープってておまえがチープだろうが」と心の中で突っ込みを入れながらも、わらにもすがる思いの私は丁寧な口調を貫いた。

「おお、ありがとう。気功はローマで教わったので、それが役に立つかもしれないですね。事前の低酸素室（ミウラ・ドルフィンズ）とか富士山泊などはどうですか」

結果的に雪崩を避けるため出発を秋にのばしたが、この時点ではまだ4月中旬の出発のつもりでいたので、私は少し焦っていた。行く以上はできる限りの準備をしていきたいと思っていた。

「事前の低圧室は、低圧になると自分がどうなるかを知るにはいいのですが、体質改善の効果は不明と聞いております。ごく稀《まれ》に低圧でひどいことになる人の場合は、それがわかって有意義かもしれません。現場でクラクラするのを楽しみにしておくのも良いかもしれません。富士山も、3800くらいなので稽古にはならないそうですよ」

要は、ぶっつけ本番でいいということか。

米山君はカラコルムのガッシャーブルムⅡ峰（8035m）とブータンのチョモラリ（7326m）に登頂している。学生時代、初めての高所だったパミール高原に行ったときは4000mで肺水腫になり、ヘリで救助されたこともある。

そんな彼の助言なので重みはあったが、結局、私は出発までに富士山に2度も行き、8合目と頂上に泊まっている。

またエベレスト最高齢登頂者のスキーヤー、三浦雄一郎さんが経営する東京都渋谷区にあるミウラ・ドルフィンズの低酸素室にも計7回入った。やはり不安だったのだ。

私が高所に行くのは1984年、23歳の秋以来だ。しかも自分はその最初の高所の入り口、標高4500mでひどい高山病になっている。

行ったのはインドヒマラヤのスダルシャン・パルバート（６５０７ｍ）という山だった。当時、外国人に解禁されたばかりの中国国境に近い、形のいい山だ。私たちはその1年前からインド政府と国際郵便でやりとりし、いくつかの候補の中からこの山の許可をもらった。学生ばかり8人のチームで、体力に自信のあった私は登山の初日、リーダーから「ポーターたちを追いかけてくれ」と言われ、標高３８００ｍから勇んで歩き始めた。時々、荷物がポーターに盗まれる被害があるという話を聞いていたため、「お前が見張れ」ということだった。

ポーターの少年たちとおしゃべりをしながら調子よく歩いていたが、４５００ｍ付近で急に動けなくなった。すぐ脇を少年たちが何か言いながらすり抜けていく。

以下は混乱状態の私の記憶だ。

まだ日が高いのに、夕暮れが迫っていた。目をやられたらしい。インドに来る直前、トレーニングで富士山を日帰りで往復したが、４５００ｍは初めての高さだった。本来ならゆっくり歩くべきところを、ポーターに負けまいとかなりのスピードで登り、息が荒くなっていった。

これは変だと何度も思ったが「体力のある俺がどうしたんだ」という変なプライドが働き、私は無理して上へと進んでいった。

ついにフラフラになり、嘔吐《おうと》が始まった。激しい下痢に何度も襲われ、消化器官はすっかり空になり、突然寒くなった。

「だめだ、下りないと」と思ったときはもう遅かった。私はその朝、そして行動中に食べた物を全て吐き出し、ついに胃液が出てきた。そして数歩歩いては砂利の上にへたり込み、もやのかかった暗い岩場を見渡すと「ちょっと寝てからにしよう」とリュックも下ろさず眠り込んだ。

なぜなのか、ものすごく寂しかった。悲しい気分だった。

14歳で山登りを始め、登り続けた末の10年目だった。

一瞬、10代の頃に見た山岳映画を思い出した。ヨーロッパアルプスを舞台にした兄弟の話だ。ピークですっかり消耗しきった弟に、兄が「寝るな」と頬をたたいてチョコレートの塊を口に入れ、揺り起こす。物語の上でよくあるそんな場面が今、自分の身に起きている。

「寝るんじゃやない!」と言っていかりや長介が加藤茶をひっぱたく。子供の頃に見たテレビのコントでもそんな場面があったのをチラッと思い出した。

寝ない方がいい。いや、少しぐらい寝た方が体力が戻る。いや、寝たらそのままになる。とにかく高度を下げないとだめだ。いや、少しくらい寝ても大丈夫だ。

そんな葛藤が続き、うとうととしては恐怖で目覚め、またうとうとする状態が続き、ついに眠りに落ちた。

どれくらい時間がたったのか。小さな声が聞こえてきた。

「おい、起きろ。おい、大丈夫か」。一つ年上のリーダー、工藤哲靖さんの声だった。遠くからかすかに聞こえてくる。闇の向こうで叫んでいるようだ。それが次第に大きくなり、最後は耳元でわめいていた。

なんとか覚醒したが、辺りには黒い霧がかかっていた。

「立て。行くぞ」

支えられながら歩きだしたが、数えきれないほど途中で倒れ、揺り起こされを繰り返し、3800mの前進キャンプにたどり着くと一気に寝入った。

長く、大した経験ではないと思ってきたが、もし、あのとき工藤さんが私を見つけなければ確実に疲労凍死していた。私は彼に救われたのだ。

歩けるようになるまでまる3日寝込み、体重は10kgも減った。

それでも復活し、高度順化もうまくいき、ルート工作の先頭に立って私は3週間後、頂上に立っていた。

そんなヒマラヤ経験のため、私は不安だった。まして当時は23歳で今より34も若く心肺機能も今より2割増しはあったはずだ。しかも今度の山は6500ではなく8000だ。

いくら米山君に「ぶっつけで大丈夫」と言われても私は納得できず、暇を見ては走り、山に行き、低酸素室に入った。

ネットでミウラ・ドルフィンズに申し込むと、すぐに返事があり「4000m高所テスト」を受けることになった。渋谷区千駄ケ谷の事務所を訪ねると、若くキリッとした感じのインストラクター、安藤真由子さんが迎えてくれた。体育学博士でもある。

「どちらに登られますか?」

「ダウラギリです」

「えっ? ダウラギリですか、珍しいですね」

「そうですか」

「ええ、一般の方でダウラギリを目指すのって、最近はあまりないですね」

一般の方? その言い方に少しひっかかった。

芸能人の結婚話によく出てくる「一般男性」みたいじゃないかと、私は口をとがらせたが、

「じゃあ、何ですか。登山家ですか？」「登山家……ではないか、まあ、ただの登山者だよね。登山客ってところまでは落ちないとは思うんだけど」「それなら一般の方じゃないですか」という彼女との想定問答が瞬時に頭をよぎり、「まあ、ダウラギリって言っても、この年だと登頂は難しいっていうか、７０００台のどこまで行けるかっていうか、その辺がポイントだと思ってて、若い頃は６５００はまあ、行ってるんだけど、30年以上も前だし……」

と一人でしゃべっていると、ニコリとした安藤さんが「これをはめてください」とパルスオキシメーターを差し出した。

血の中の酸素濃度の目安となるＳＰO_2（動脈血酸素飽和度）を測る器具で、高所にいるときの私の血の状態、つまり、そのときの抵抗力から体力の目安がわかるという仕組みだ。

気圧は平地並みだが酸素濃度を低くしている「低酸素室」は6畳ほどの空間で、そこに電動の歩行器やテレビなどがある。テレビの脇にはＤＶＤ「三浦雄一郎　終わりなき冒険～80歳エベレストに挑む～」がさりげなく置いてある。

肺活量や脈などを測った上で、私は標高４０００ｍを想定した部屋で安静、運動、睡眠の3パターンを30分ずつ試みた。こんなところで寝られるかなあ、といぶかりながらも次第にうとうとしていったところで起こされ、テストは終わった。

着替えを終え、受付の前で待っていると安藤さんに3枚つづりのリポートを手渡された。

「肺活量、4・27L　体年齢49」と書かれているので気を良くしていたら、裏面の「睡眠中にややリスクあり」に丸がつけられていた。

「ここなんですよ」と安藤さんが指差すグラフの線を見ると、仮眠時の後半の20分間ほどで血中濃度がどんどん落ち55％前後を推移している様子がわかった。安静時は90％前後、運動時もせいぜい60％までしか落ちず、それも呼吸のやり方次第ですぐに80％にまで回復しているのに、睡眠時だけ悪い。

「問題ですかねえ」。そう聞くと、安藤さんは「ええ、運動時はトレーニングで改善するんですが、睡眠時はなかなか難しいんです」と神妙な顔をした。

「高山病の悪い症状は就寝中に出る」という米山君の言葉がよみがえった。

どうしたらいいんでしょう、と不安そうに見つめても、安藤さんは「うーん」と困った顔をしている。

これじゃあ、「一般男性」以下じゃないか。「一般男性」という言葉が物悲しく耳に残った。

5

この際、「新しい鼻」を入手

ミウラ・ドルフィンズの高所テストで「睡眠中にややリスクあり」と言われ、私は急に不安になった。8000mに行く以上、当然ピークに登りたい。歩いているとき、起きているときは意識があるからまだいいが、寝た途端に酸素を普段の半分以下しか吸えないとなると、やはり深刻である。

寝ているときに呼吸が止まる無呼吸症候群になっていることも考え、私はすぐに近所の耳鼻科を訪ねた。「このままでは、ヒマラヤに行けません」と年配女性の先生に泣きつくと、「ヒマラヤですか、エベレスト？ 大変ねえ」と言うなり、鼻の奥へ奥へと器具を突っ込み、「ああ、鼻中隔湾曲症ですね」と即断した。鼻の気道が曲がっていて狭まっているらしい。

「ヒマラヤに行くんだったら、手術した方がいいですね」とさらさらっと紹介状を書いてくれた。なんだろう。このテンポの良さ。「ヒマラヤ」というだけで、医師たちはまるで例外扱いのように、そそくさと話を進めてくれる。

紹介状の宛名には「東邦大学医療センター大橋病院（東京都目黒区）吉川衛《まもる》先生」とある。「吉川先生は手術のうまい名医ですからね」と推すだけあって、すぐに電話を入れても予約が取れたのは2週間も先だった。

3月、朝から病院でしばらく待ち、顔のコンピューター断層撮影（CT）をした上で吉川先生に診てもらうと、「鼻中隔湾曲症と、あと副鼻腔《ふくびくう》炎もひどいですね」との話だった。

鼻曲がりで穴が狭い上、鼻づまり。いわゆる蓄膿《ちくのう》、鼻の奥に分泌物が長年にわたり詰まっているということだ。

それを聞いて、作家の赤瀬川原平さんの声を思い出した。とてもよく通る低音なのだが、どこか濡れたような、鼻を若干つまんだような心地よい響きだった。

東京の街を散歩する新聞記事の取材で同行した時、上板橋のお寺、安養院で梅の花の匂いを私がかいでいたら、赤瀬川さんに同行していた妻の尚子《なおこ》さんもつぼみに鼻を近づけこう言った。「本当だ、いい匂いねえ」。脇にいた赤瀬川さんが「じゃあ、僕も」と同じ動作をしたが、「ああ、だめだ、全然匂わないよ」と少し悲しそうな声を上げた。

自分では長く気づいていなかったが、私も赤瀬川さんと同じ「鼻づまり」だったのだ。その割には匂いに敏感で、人の匂いから物、化粧品、リップクリームの匂いまでよく覚えていて、何かの匂いを嗅ぐと露骨なほどはっきりと過去の情景を思い出したりする方だ。

だとすると、鼻の通りが良くなれば、匂いへの敏感さもさらに増すということなのか。

そんなことを思っていると、病院の看護師から「1泊テストキット」を渡された。血中酸素濃度が寝ているときにどう変化するかを測定する装置で、その晩はそれをつけて寝てみた。

2週間後、吉川先生は「1泊テスト」の結果から、先の二つの病名、鼻中隔湾曲症と副鼻腔炎に加え、「睡眠時無呼吸症候群」でもあると私に告げた。

夜、十分に眠れていないということだ。昔からとにかくよく夢を見てきたのはそのせいかと思ったりもしたが、いくつかの本を読むと夢は必ずしも浅い眠りだけが原因ではないらしい。

1泊テストの結果を見ると、私の場合、1時間に平均22・4回も無呼吸になっていて、これほどひどいと保険適用になる。

渡された無呼吸症候群のパンフレットを見ると「20回以上の中等症から重症になると寿命

が短くなり、7〜8年後には20%から30%の人が死亡すると報告されています。死亡原因の多くは、心筋梗塞《こうそく》や脳梗塞です」とある。

ヒマラヤの高所の場合、リスクはさらに高まろう。

その時点で、郡山勤労者山岳会の齋藤明さんと私のダウラギリ行きは、西ネパールの大雪で、それでなくても雪崩による死者が多い土地柄のため、秋に先延ばしとなっていた。

「藤原さんの場合、無呼吸は必ずしも鼻だけが原因ではないかもしれませんが」と吉川先生は言うが、私はできることは全てやってもらおうと思った。

まずは、かかりつけの歯科医にマウスピースを作ってもらい、それを口にはめて寝ると気道が広がり、前よりはよく寝られるようになった。でも、こんなものを生涯つけ続けたくはない。実際にヒマラヤでは毎晩つけていたが、登頂断念を決めた後は、「こんなもの!」と見向きもしなくなり、現在に至るまで使っていない。

もう一つは減量、いわゆるダイエットだ。

中高年の肥満体になると、寝転んだときに喉が圧迫され、呼吸が若い頃よりしづらくなるそうだ。

私は身長が167㎝と大きめの小男で学生時代の体重は59㎏だったが、この時点で67・5

kgまで増えていた。これは単に肥満体になったということではなく、本格的な山登りから離れた31歳から52歳までの間、運動したいというエネルギーを放出させるため、がむしゃらになって空手を続け、余計な筋肉がついたためと私は解釈していた。

シェルパら優れた高所登山家の体形を見ると、脚は異常なほど筋肉が発達しているが、上半身は割と華奢《きやしや》で余計な筋肉がついていない。対して私の体の重さは胸などの筋肉からきているように思えた。

それでも吉川先生が「減量すればぱっと無呼吸が解決したりもしますから」と言うので、私は暇を見ては30分のランニングを続け、2週間ほどで65kgに絞った。並行して2カ月半にわたり副鼻腔炎を抑えるため、抗生物質のクラリスロマイシン錠と、たんを取り除くカルボシステイン錠を飲み続けた。ところが、長年鼻の奥で固まっていた粘液の塊はまったく溶け出してくれなかった。

薬では無理なのだとCTで確めた上で、私は手術をお願いした。副鼻腔からつまりをかき出し、曲がって狭まっている鼻の気道をメスなどで削り込む作業だ。

吉川先生はやはり外科医である。手術が決まった途端、急にうれしそうな顔になった。

手術はヒマラヤに向かう1カ月半前、7月下旬だった。

麻酔から目が覚めたとき、特に私のように手術の経験があまりない者にはそんなふうに思えるのか。こちらの顔をのぞき込む看護師がとても美しく見え、ワインレッドの服がまぶしいくらいだった。

「45分くらいですか」

私が声を上げると、そのはっきりとした物言いに彼女は驚いたようだった。

「え、わかりますか?」

「手術、うまくいきましたか」

「はい、1時間半ほどでした。すごい覚醒ですね、こんなのは初めてですよ」

前後不覚にならず、すぐに気づいたことを褒められたのかと喜んでいると、「藤原さん、大丈夫ですか。移動しますよ」と病室付の看護師が顔を見せ、私はベッドごと運ばれていった。

4人部屋に着くと同時に痛みが始まった。

鼻を中心にロールシャッハテスト状に痛みが広がり、脳に何か異物、金網のようなものを差し込まれている感じだ。

それにしてもなんでこんなに痛いのか。

「大丈夫ですか。痛み止め、お持ちしましょうか」と聞いてくる。

ああ、なんて美しい人なんだ。なんて美しい目をしているんだと感動しながら、見えを張って「大丈夫です」と答える。

俺はヒマラヤに行くんだ、こんな痛みに負けるか。負けないぞ。

ギリシャの75歳の友人タキスの口癖「俺は平気だ、強いんだ、死ぬまで働くぞ、負けないぞ」という口調をまねて我慢するが、ついに痛みは脳に鉄の棒を刺されたようになり、様子を見にきた看護師に結局、痛み止めを懇願した。

カロナール2錠。

軽《かろ》なあるか。関西の薬かと思って飲むと、それが見事に効いて3時間眠り続けたが、再び痛みで目が覚める。

術後の痛みは日に日に弱くなり、大きく膨れた鼻も小さくなり、6日後に退院するとすぐに仕事に戻った。

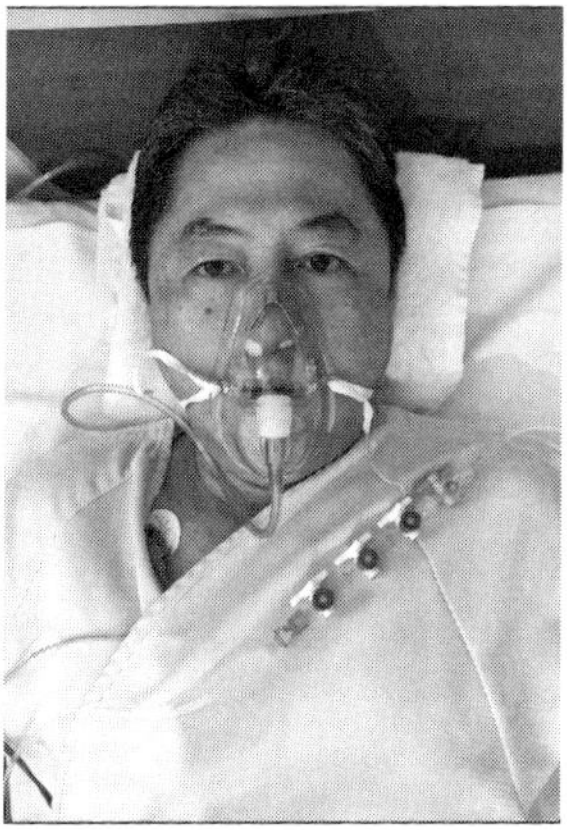

鼻の通りをよくする手術を受けた直後の筆者
＝2019年7月27日

鼻を洗い続けると、自分でも驚くほど通りがよくなった。目から鼻に抜けるとはこのことかと、私は従来以上のスピードで原稿を書けるようになった。その合間にミウラ・ドルフィンズの低酸素室に1回8000円で通い続け、標高4500mを想定した部屋での就寝中のSPO_2の数値は劇的に改善された。

正常値は90%台のこの数値は、手術直後の8月には40〜50%台と前と変わらず悪かったため、「あんな痛い思いをしたのに」とがくぜんとした。しかし、ヒマラヤへ出発直前の9月6日には、1時間まるまる寝ても、65〜80%と高い値をマークした。

「いい数字ですね」と担当の安藤さんが太鼓判を押してくれた。

「どうしてなんでしょうね、低酸素に慣れたんでしょうか」

「ええ、慣れ、順化もありますね」

でも、それだけではない。やはりこの新しい鼻のおかげだろう。吉川先生が「完璧な鼻、私の完成品です」と断言するこの鼻のおかげであることは間違いあるまい。

出発に向け、私の鼻息は日に日に荒くなっていった。

6

ダウラギリは演歌の響き♪バカだなあ♪

長年、原稿を書く日々を送ってきたのに、ヒマラヤではまるまる2カ月、締め切りもなく原稿も書かず、資料の本も新聞も読まないまっ白い時間の中に私はいた。

今書いているこうした本どころか短い登山記さえ書こうと思わなかったので、日記やメモもほとんどとらなかった。なぜって、そんな俗物めいたことをすれば、せっかくの山登りが汚れてしまうと思ったからだ。何か書いてやろうなんていう邪心が少しでもあれば、頂上には行けないと思っていた。

山はあくまでも登るためにあるのだ。書くなどという俗事のためにあるのではない。

私は新聞記者になった3年目、山を仕事にしていた時期があった。

その年、後輩記者が転勤を嫌がったため、降ってわいたように長野県の大町市に駐在することになった。北アルプスの後立山《うしろたてやま》連峰のふもとに暮らしながら、週に3日ほど松本支局に通い、あとは大町や、白馬村、小谷村で暇ネタ、つまりニュースとは直接関係のない話を書いていた。

ほどなく目の前にある山を題材にしたくなり、上司に相談すると「好きなだけやったらいい」と言われ、週に1度、長野県版に「終末アルピニズム」という連載を始め、計38本の記事を書いた。山小屋の乱立や大腸菌による沢の汚染など北アルプスの話からどんどん飛躍し、しまいにはヒマラヤでの無酸素登頂者を追ったりした。

書きたい盛りなので、それはそれで楽しかったが、ほんの時たま、自分がどうしようもなく卑しい人間に思えることがあった。

吹雪になっただけで無線で警察にSOSする登山者や、夏の山小屋でフランス料理のコースを食べたがる登山客を厳しく断じるうちに、自分が登山評論家になったような気がして、嫌だった。

このあたり、どうなんだろう。

例えば野球の選手が記者として試合を報じたり解説したりするときも同じなのだろうか。あるいは力士はどうだろう。北の富士さんや舞の海さんは恥ずかしくなったりしないのだろうか。

本当に野球や相撲が好きなら、引退してからでも自分なりのレベルで続ければいい。それをせずに書いたりしゃべったりするだけで楽しいのだろうか。見物屋、評論家に成り下がった自分を「何を偉そうに」と恥じ入ることはないのだろうか。

大町市にいた頃、私は自宅と職場を兼ねた駐在所を昼過ぎに出ると車で大雪渓の下まで行き、白馬岳へと一気に登ると、頂上の小屋で取材をして日暮れに下りてくるということをよくやっていた。

北アルプスの下に住んでいるからこその、3000mの稜線日帰りを満喫していた。でも、考えてみたら私はそれを仕事でやっていた、というより仕事を兼ねて山に登っていた。あるいは、仕事を言い訳にして山を楽しんでいた。

1年近くそれを続けた末、これは違うんじゃないかと私は思った。

そんなどっちつかずのことをやってはいけない。山は山、仕事は仕事だ。

山を仕事に使うなど、山への冒とくではないか。登山は登山として独立した崇高なものであり、物語にした途端、それは原形とは違うインチキ、まがい物になる、といった「登山原理主義」とでも言えそうなかたくなな思いが当時の私を襲った。

その頃、朝日新聞に登山専門の記者がいて、自分も将来そうなってみたいと一時は思い、その人が書いた本を読んでみたが、今の言い方で「上から目線」というのか、山をさらに高みから見下ろすドローンのような視点で偉そうに書いているのが鼻につき、憧れは早々についえた。

「趣味は趣味としてとっておいた方がいい。それを仕事にしたら趣味の本当の面白さが消えてしまうよ」

どこかの誰かが言ったそんな言葉を真に受けたのか、私はその後、登山はあくまでも個人的な行為にとどめ、それを仕事で使おうとは思わなかった。どこそこの山に行ったらこんな風景があった、こんな人がいたといった地誌的なことは許せても、登山そのものを文字にしてはいけないと思い込んだのだ。そんな考えにとらわれていたため、今回のダウラギリについても行く前から、一切書こうとは思わなかった。

なのに今こうして書いているのはなぜなのか。やはりダウラギリは自分にとってそれほど大きな体験だったようだ。取材をするつもりはなかったし、してはいないのに、こうした長い物を書き始めているのは、ただの道楽でもひけらかしでもない。ダウラギリに、書かざるを得ない何かがあったということだ。

日々のアウトプットはゼロ。インプットは目の前にある見たこともない風景と肉体の苦しみだけ。こんな経験、いつ以来だろう。いつもアウトプットのことばかり考えていた。1年におそらく300冊ほどの本を読み、100人ほどの人に会い、新聞雑誌を読み漁り、映画の試写会に出入りし、朝からテレビはつけっ放しで、入れられるものはいくらでも入れるというインプット三昧。そして締め切りが迫れば、毎回数時間という短い時間の中で文章を書く作業の連続で30年余りが過ぎていた。

そんなふうなアウトプットが全くない2カ月間。しかもインプットさえもない。

そんな贅沢な時間の中、特に苦しかったキャラバン中、私はシェルパの足跡を黙々と追いながら、心の中を無にしてみたかった。

例えば日本の山を登っているとき、私はよく数を数える。「1、2、3」と12まで数え、また1から数え、それを繰り返し登っていく。

ところが、ダウラギリのベースキャンプに向かうまる3日の行程にはなんのメリハリもなく、数を数えていてはきりがない。1万、10万と数は延々と増えていき頭が変になりそうなので、私は特に意図せず、頭の中をできるだけ空白にし、５０００ｍへの順応という苦行を乗り切ろうとしていた。

　すると、その空白に脈絡もなくいろんな言葉が入り込んでくる。中でも一度始まるとしつこく離れないのが、どういうわけかムード歌謡だった。

　一度４０００ｍの高度順化に失敗し、登山口の村マルファまで下りた私はそこで休養すると再び同じ道を登り返した。

　少し前をシェルパのペマさんが歩き、私は無理しないように呼吸を整えながら標高２６７０ｍから４０００ｍへ、翌日には５２００ｍへと高度を稼いでいった。

　しばらく登ると、筋骨隆々の48歳のペマさんが上からこちらを見下ろしている。

「アー・ユー・オーケー?」

「イエス、アイム・オーケー」

　するとペマさんはにかっと笑い、再び歩き始める。彼は熟練のプロガイドだ。返事をするときのちょっとした一瞥《いちべつ》で私の表情を読み取ろうとしているのだ。

　しばらく歩くとまた「オーケー」とやり合っては登りを繰り返し、私たちは少しずつ高度を上げていった。

これはどこか見覚えのある状況だと私は思い始めた。

山ではない。日本の山の場合、大体私が先を歩き、ついてくる方に「大丈夫?」と声をかける逆の立場になる。

あれこれ考え行き当たったのが、よく歌になる「道行き」だった。立派な姿をしたペマさんが高所に弱い私をいたわりながら、「さあ、先へ、先へ急ごう」と促している。性別を抜きにすれば、私たちは駆け落ちしている二人のようだ。

さあ、もうすぐ。ほら、もう少し。

そこまで思うと、海馬の奥の方から静かに曲が浮かび上がってくる。

♪つれてー、逃げってーよー、チャラチャラチャンチャン、ついて、おいでよー♪

「矢切の渡し」（1976年、石本美由起作詞、船村徹作曲）である。

仕事がらみの余計な想念がない分、頭はスカスカなので、

♪夕ぐれーの、ハッ、雨が降うるー、ハッ、矢切のお、わたーしー、チャンチャラチャンチャン♪　としつこく節が流れ出す。

空気の乾燥で声がかれ、うまく歌えないせいか、本来ちあきなおみの持ち歌だったのが、いつのまにか八代亜紀に代わり延々と10回は心の声で歌い続ける。

見上げると5000mの峠まではまだまだ延々と、ゆっくりと高度を上げていくトラバース道が続いている。

「パラサーブ(隊長)、アー・ユー・オーケー?」

「オーケー、オーケー」

と、このやりとりで歌は一度中断する。

それにしてもなぜ八代亜紀が出てくるのかといぶかっていると、岡山出身の母方の祖母の「この人は上手じゃや、ほんとにええ声じゃや。苦労しとるんじゃやなあ」という1970年代初頭に茶の間で聞いたコメントが入り、死んだ祖母を大事に思っていなかった自分の罪悪感がそこに重なり、高度障害のせいか突如感情が高ぶり、泣きたい気持ちになってくる。

そして、さほど好きでもないのに、なぜ八代。そして八代亜紀となるとなぜ104歳まで生きた祖母が必ず顔を出すのか、とくよくよ考えていると、今度は、

♪よーるのしんじゅーく、うーら通りー、かーたーを寄せ合う、とーり雨ー♪

と彼女の出世曲「なみだ恋」(1973年、悠木圭子作詞、鈴木淳作曲)が流れてくる。

新宿の裏通り? どこのことだろう。歌舞伎町だろうか。ゴールデン街? それとも伊勢丹の裏辺り、あるいは2丁目のあの裏道辺りか。

考えてみたら、歌舞伎町、歌舞伎町と人が言うようになったのは割と最近、１９８０年代くらいじゃないか。あの頃は歌舞伎町に行こうという言い方はあまりせず、「コマ劇場前で待ってるね」といった言い方をよくしていた。あえて歌舞伎町とは言わなかったような気がするが、これは高校は東京でも地方で学生生活を送った私の思い過ごしかもしれない。だとすると裏通りはやはり歌舞伎町のことか。

と、どうでもいいことに拘泥していたら、今度は藤圭子が突然現れる。

♪私が男になれーたーなら、私は女を捨てなーいわー、ネオンぐらしーの蝶々《ちょうちょ》には♪

「新宿の女」（１９６９年、石坂まさを・みずの稔作詞、石坂まさを作曲）である。

夜の新宿の裏通りを考えていたので、新宿と言えばと、当然のように藤圭子が出てきたわけだが、曲ごとに時代はさかのぼっている。

それにしてもなんでこんなに歌詞を細かく覚えているのか。子供の耳の記憶は恐ろしい。家にレコードがあったわけでもないのに、私はこれをテレビとおそらく近所の商店街か、路地の向こうにあった小さな鉄工所のラジオで聞き、自然に覚えたのだろう。

「パラサーブ、アーユー・オーケー?」

ペマさんの声で我に返ると、私たちはどうにかベースキャンプに着いていた。

黒々とした岩壁に囲まれたとんでもない景色にしばらく魅せられていたが、ほどなく名残惜しむように「新宿の女」のサビが流れ出す。

♪バカだなあー、バカだなあー、だまされーちゃああってえー♪

子供のとき大笑いしながら何度も歌ったフレーズがこだまする中、そうか、そういうことかと思った。「言いたいのはそれか」

私の頭は4000mからこの方、実はこのサビを聞かせるために延々と演歌を歌わせてきたのか。

5000mにどうにか順化しつつも、私の頭はかなり変な状態になっていた。感情が波打ち、ダウラギリのベースキャンプに着いた日のBGMは延々と演歌だった。それにしてもなぜ、好きでもなかった演歌が流れるのか。いや、実は好きだったんじゃないか。

薄く雪をかぶったダウラギリのベースキャンプ＝2019年10月3日、筆者撮影

7

まさに「バラ色の人生」ユーフォリア

朝、ベースキャンプで目覚めると頭の中でトランペットが鳴っていた。

♪パッパ、パパ、パパパッパ、パパ、パパパッパ、パパ、パアッパー♪

どこかで聞いた音色だ。サッチモ、ルイ・アームストロングだろうか。

でも、なぜ今。

私は彼のレコードを1枚も持っていない。ラジオか何かで聞いたのだろうか。

何という曲だろう。「セントルイス・ブルース」？　でたらめにタイトルが浮かんだが違う。では何だろう。

いずれにしても、その音は鳴りやまず、それから何日もずっと続いた。要するにその朝、私はいたって上機嫌だったのだ。

この感じ、多幸感、ユーフォリアと呼んでもいい。陶酔感とも違う。頭はとてもクリアでシャキッとしていながら、何でもできそうな全能感、とても前向きでうれしい気持ちになっている。なんたって自分自身に自信がある。そのバックグラウンドミュージックとして、このトランペットというかラッパの軽快なメロディーが頭を中心にした半径50㎝ほどの球体の中で延々と鳴り続けているのだ。

外は快晴。テント越しでも太陽がまぶしいほどだ。

ダウラギリで実際に登山をしていたのは登山口の村・マルファから歩き出した2019年9月17日から、村に下りてきた10月15日まで。考えてみたらたったの29日間だ。ネパールの首都カトマンズでの準備や残務処理など入れるとしめて45日ほどである。

日本の中堅都市ほどの街・カトマンズに下りてきてからも、相棒で郡山勤労者山岳会の齋藤明さんと私は興奮冷めやらずだったのか、毎日市内や周辺の山を3時間も4時間も歩くという奇行を繰り返した。

そんな日々も合わせればしめて60日ほどの旅であった。

私が多幸感にひたり、ラッパの音で目覚めたのは10月3日だから、入山から17日目の朝になる。

その5日前に標高4750mのベースキャンプを出発し、5750mのキャンプ1で雪崩を避けるため雪が安定するのを待って2泊し、標高6550mのキャンプ2に入り、さらに上まで登ってから一気にベースに戻った翌朝のことだった。

ラッパの音は連日鳴り続けた末、音量のつまみを絞るように次第に消えていったが、すでに1年が過ぎた今も時折ぱっと顔を出し、あの朝の多幸感がよみがえる。

2020年の正月、ダジャレが生きがいの同僚、遠藤君を囲む会（通称エンジャレ会）の集まりで、ヒマラヤでの多幸感の話になり、「あの曲、なんだっけなあ、この曲」と私はラッパの音の曲調を口ずさんでみた。

♪パッパ、パパ♪と皆の前で歌うとすぐに「あ、それ聞いたことがある」となり、後輩の女性記者が曲当てクイズみたいなアプリケーションをスマートフォンに入れていたので試してみたり、友人の留守電に音色を吹き込んだりした結果、それはエディット・ピアフの「バラ色の人生」だとわかった。

その晩、家に帰り、アレクサ（アマゾンの人工知能音声サービス）に頼んで、ピアフの歌を流してもらったが、ヒマラヤで浮かんだ曲とは違う。

私の中で鳴っていたのはトランペット1本の乾いた音で、シャンソンのような濡れた叙情という感じはなかった。しかも、途中からダミ声のヘタウマ的な歌が入ってくる。

さらに探してみたら、実はルイ・アームストロング、サッチモが「バラ色の人生」を歌っていることを発見した。そんなことは彼のファンなら常識中の常識だろうが、私は別にファンというほどではない。むしろ、どこかの商店街か店、といってもバーなどめったに行かないので、きっとラジオか友人の部屋で学生時代にでも聞いたのかもしれない。なのに、なぜ自分の人生の中でも、おそらく最も上機嫌だったあの日、あの多幸に包まれた朝にこの曲が鳴りだしたのか。

幾多の音楽、メロディーを海馬にため込んできた人間のアウトプットの不思議。それを考えずにはいられない。

友人のゲイバーのモモエママに知り合って早々に言われたことがある。

「結構気難しい方でしょ。それとうつっぽいところもあるから気をつけないとね」

見る人が見ればわかるのだ。私は常々改めたいとは思っているが、気難しい性格だ。大方の人はいいのだが、合わない人とは徹底して合わない。その人がそばにいるだけで難しくなるというか、自分のバランス、ムードがおかしくなる。それと、結構うつっぽくなることがある。

経験者によれば、本当にうつ病になれば仕事など全くできなくなるし、本さえも読めなくなるというので、私の場合、そこまでではない。何かストッパーが働くのか、危うさをどこかで察知するのか、前もって用心しているのだろう。「うつっぽさ」でなんとか止まり、どんなひどい状態になっても原稿が書けなくなるということはない。

逆に外向けには、できる限りケラケラと明るめに振る舞う癖が身についているため、同僚に「うつっぽい」気質について話すと「藤原さんが？　まさか、本当ですか？」と驚かれる。というのも基本、大方のことを笑いの対象にしようとする試み、明るく振る舞うようにしてきたからだ。作家の村田沙耶香さんの言い回しを使わせてもらえば「大人としてのペルソナをかける場面」が常態化してきたのだ。

彼女が40歳になった感慨を語った際、「ペルソナ（仮面あるいは人格）」という私が普段まず使わない言葉を使った。

「数字に弱くて、40歳だからちゃんとしなきゃみたいなのがあんまりないのかもしれないですね。でも子供の頃、40歳ってすごく大人だと思ってたんですが、自分は全く変わらないので、大人としてのペルソナをかける場面があんまりないのかもしれないですね。子供がいないので叱らなきゃいけなかったり、常識を演じたりというのがないので……」

なるほどと思った。私は処世術として、「明るく冗談好きの人」という大人としてのペルソナをかけてきたのだ。

若い頃からおしゃべりであることに変わりはないが、若さ故の気難しさ、不機嫌さを前面に出していた時期も長かった。

そんな自分が嫌で、明るい人を見ては「ああなりたい」と思い焦がれているうちに、今のペルソナを身につけたのだろう。

何よりも長年の海外特派員生活、第三世界、いわゆる途上国での陣地開拓、新たな言語世界への没入という職務上のミッション、それに加えて海外での子育て、妻との関係維持のため、私は常に「上機嫌な人」であらねばならなかったのである。さらには、根は暗いからこそ明るく振る舞うラテンアメリカやイタリアの友人たちの影響もあったかもしれない。

そして何よりも大事なのは、それをいやいや演じたのではなく、私はそういうペルソナが好きだったのだ。私は日々演じている「上機嫌で明るい冗談好き」という人格を憎からず思っているのである。

ところが、10月3日のベースキャンプでの「バラ色の人生」のあの朝は、そんなペルソナとは一切関係がなかった。テントで誰に見られることもなく、たった一人なのに、孤独の中で私は、私そのものに満たされ、とても明るかった。

こんな上機嫌が続くなら、人生はどんなに素晴らしいことか。エディット・ピアフが作詞したセリフを借りれば、〈彼が私を腕に抱きしめて そっとささやくとき 私の人生はバラ色になるの〉と、まさに舞い上がるような多幸感の中に私はいた。

でもこれは、今から思えば、間違いなく高度の影響だった。

脳内、全身にもたらされるべき酸素が地上の半分以下という環境の中で、私は明らかな酸素不足に陥っていた。恐怖など感情をつかさどる脳の領域「扁桃体《へんとう》」、つまりアーモンドの形をした脳内の小さな部位が一時的に活性化し、私に大いなる喜びをもたらしたのではないのかと思っている。

高所登山による脳への影響は、脳がむくむ脳浮腫など重い病についての研究はある程度なされているが、認知、知覚、感情についての研究は大本の神経科学と同様まだ限られている。

軍事栄養研究のための医学委員会の論文「認知能力と気分に与える高度の影響」（米ナショナル・アカデミック・プレス、1996年）によると、

〈酸欠は、脳の中でも筋肉など身体を動かす中枢より、特に知覚、感情をつかさどる部分に影響を与えやすいため、多幸感や絶望感をもたらす事例が多く〉（筆者訳）、〈ひどくなれば幻

覚を呼び起こす〉（同）という。

10月3日の多幸感へ至るまでの流れはこうだった。

9月17日、私たちは標高2670mの村マルファからキャラバンを始めた。シェルパ2人、コック1人、コック手伝い兼シェルパ見習い1人、そして明さんと私の計6人に荷物運び用のラバ20頭とポーター兼馬方4人が加わった。

先に行くラバと馬方たちは雨のせいであまり休まず、当初泊まる予定だった3900mよりも高い4300mの草地まで一気に登ってしまった。

明さんは平気だったが、私は3800mあたりから次第にペースが落ち、テント場に着いたときは結構きつく、寝る頃には頭痛が始まっていた。

手持ちのパルスオキシメーターで血の中の酸素濃度の目安となるSPO_2を測ると、明さんは80％で上々だったが私は66％まで落ちていた。シェルパ2人は地上と変わらない90％を維持していた。ただし、私もしっかりとした深呼吸を繰り返すと、夜には80％にまで回復した。

次の日から2日続けて悪天が続き、4日目の9月20日にようやく上に向けて歩き出したが、この時点で私の高度障害は若干悪化しており、ついには下痢も始まり、大事をみて私だけシェルパと一度マルファ村まで下りて、態勢を立て直すことにした。

私は標高2670mの宿で2日間休み、再び同じルートをたどってベースキャンプ入りしたのは結局24日で、最初の出発から1週間が過ぎていた。

それでも一度下山したのが正解だったようだ。その後は大きな高度障害もなく私は明さんと4750mのベースキャンプから5750mのキャンプ1を往復し、次はキャンプ1に2泊し、そこからさらに登り6000mを超えた辺りまで上ったところで、休養のため一気にベースキャンプまで下山した。そして休養をはさんで、今度はキャンプ1を経て標高6550mのキャンプ2に泊まった後でさらに上まで登った末に再びベースキャンプに下りた。

サッチモのトランペットが鳴った多幸感の日はまさにその翌朝だった。

つまりこの時点で私の日常の住処は標高4750mになっており、そこをベースに今回の遠征では初となる高度6000m台を、ときに明さんよりも速い、かなりいいペースで歩いて帰ってきたところだった。多幸感に襲われた朝は、ベースキャンプの我が家、小さなテントで久しぶりに緊張を解いた「休暇の始まり」でもあった。

こうした「状況」が私の脳を喜ばせたという面もあるだろうが、やはり今思えば高度障害を受けていたのだろう。

それまでも私の感情は激しく波打ち、わずかなことに感動したり、これまでの自分の行いを反省し、あらゆる人にわびたい気持ちになったりもした。

こうした奇妙な症状は下山すれば治るようだが、先に触れた米医学委員会の論文によれば、〈高所で生じた症状は低地に帰還後も1年かさらに長く続く場合が多い〉（筆者訳）。

日本に帰国後、なんだかハイペースで仕事を続けた上、この原稿にしても、あくまでも個人の休暇であり取材しに行ったわけでもないし、書くつもりなどなかったのに、ずいぶんと張り切って書いているのは、あの多幸感が残っているせいかもしれない。

人によく「朝からテンション高いなあ」と言われることがあるが、そんな状態、ハイな状態が上下の波はあるものの、どうやらずっと続いているようだ。

8

「名門幼稚園の遠足」

ダウラギリの険しい雪面を黙々と登っていたとき、「名門幼稚園の遠足」という言葉が湧いてきた。自分が置かれた状況のことだ。

食事は用意してくれるし、テントも張ってくれる。行動中もシェルパが常に先導し、上の方では他のパーティーのシェルパがラッセルをしてくれる。標高４７５０ｍのベースキャンプから５７５０ｍのキャンプ１に向かう途中の、今にもなだれそうな斜面や、氷河にある深いクレバス（亀裂）にはきちんと固定ロープ、命綱が張られている。これらも全てシェルパのおかげである。

私たちがいた２０１９年秋、ダウラギリを目指していた外国人登山客は約40人で、それに付き添う形でほぼ同数、40人の「シェルパ」（実は民族名）と呼ばれる登山ガイドたちがベースキャンプとピークの間を行き来していた。そんな中、すでに先に入っていたパーティーのシェルパたちが、降りたての深い雪に足跡を残す「ラッセル」を続けていた。

シェルパたちは客である外国人登山者を名前で呼ぶが、「ちょっと」と声をかけるようなときは「パラサーブ（隊長）」と呼ぶ。これは何も相手を本当の「隊長」と思っているわけではなく、ヒマラヤ開拓が盛んだった１９５０〜60年代の名残のようなもので、特段深い意味はない。

しかし、私はそう呼ばれるたびに、心の中で「いや違うよ、本当の隊長はあんただろ」と応じていた。

というのも、彼らと私では全然レベルが違うからだ。私の相棒、齋藤明さんだって同じである。彼は８０００ｍ峰のマナスル（８１６３ｍ）に無酸素で登頂しているが、それは昔取った杵柄、18年も前、40歳のときのことだ。

一方、私たちに同行するシェルパのペマさん＝実名、ペマ・シェルパ＝は、すでに20回以上も８０００ｍ峰に登っており、登頂を断念したり、下の方で手伝うだけの参加も含めれば50回も60回も８０００ｍ峰に来ている。

「20回以上」というのは、いちいち数えていないので正確な数字が出てこないからだ。

内訳を聞くとエベレストに6回、カンチェンジュンガに4回、ガッシャーブルムI峰に4回と、同じ山に複数回登頂している。ダウラギリにも2回登頂し、全体の半数以上を無酸素で行っている。

「それなら14座制覇も、もうすぐじゃない」と私が言うと真っ白い歯を見せながら首を横にふり、「全然そんな気はないから」と言う。あくまでもガイドの仕事で登っているだけということだ。

だが、外国人登山者の側にこういう人はまずいない。通常は8000m峰をいくつか登った時点で、ヒマラヤとカラコルムにある8000mを超える全ての山、14座を登り切ろうという野望が湧いてくる。そして、多くの人のようにその途上で死ぬか、うまくいけば貫徹し、挑戦にピリオドを打つ。

14座全てを登ったのは世界で四十数人おり、最近はネパールのシェルパ出身者が多く、注文次第ではペマさんも達成するだろう。

私たちに同行してくれたもう一人のシェルパ、パッサンさんは26歳ながら、エベレストとローツェ、マカルーなど合わせて、すでに10回も8000m峰に登っている。

最終キャンプのシェルパ、パッサンさん(左)とビカスさん＝2019年10月11日、筆者撮影

　一方の私と言えば、23歳のときに6500m峰に登ったきりで、58歳にして初めて8000mを目指している。明さんも彼らから見れば私に毛が生えた程度だ。つまり、高所での経験で言えば、プロ野球の現役選手が野球少年を指導しているようなものなのだ。登山の費用はこちらが払っているが、実際の隊長はペマさんで副隊長がパッサンさん、その下に29歳のガイド見習いのビカスさんがおり、私たちは連れて行ってもらう隊員にすぎない。

　シェルパは外国人の登山者たちを「メンバー」と呼ぶが、まさにその通りで、私たちはリーダーではなくただのメンバーなのだ。

　登山口のマルファ村を出てから15日目に当たる2019年10月1日、私は標高5750mのキャンプ1にいた。朝7時過ぎに出て、サングラスをかけても光がまぶしい雪面を登り、標高6550mのキャンプ2に午後3時半に着いた。

標高差にして800mを8時間強で登ったことになる。つまり1時間平均で言えば100mしか登れていない。国内の登山と比べると、4分の1のスピードである。

この日、登っていると顔見知りのスペイン人の青年ルイスが上から下りてきた。190cmはありそうな長身の彼はそれまで常にペースがよく、「やっぱり若いから速いね」などとキャラバン中からよく言葉を交わしてきた。

そんな彼が少し歩いては休み、また歩いては休みを繰り返し、見るからに消耗している。リュックを担いだまましゃがみ込んだ彼の脇に腰を下ろし、「ケ・タル（どうだい）？」と聞くと、つらそうな顔をこちらに向けた。

「いやあ、キャンプ2はとにかく寒くて。2時を過ぎると太陽が消え、突然暗く、寒くなるんだ。恐ろしいぐらい寒い」

恐ろしいを表すスペイン語「オロロッソ」という音がとてつもなく寒そうだった。

「でも6500mに泊まったんだから大したもんだ。あの高さは初めて？」

「初めてだよ。大体、ヒマラヤが初めてなんだ」

「俺も、その高さはほとんど初めてだよ」

そんな言葉を交わすと彼は休みながら下りていき、私は上を目指した。

ダウラギリの北東稜は、日の出とともに日が当たり、その雪面からの反射光をもろに受け目が焼けるかと思うほどまぶしいが、午後2時を過ぎると、太陽は西南西にあるピークの向こうにすっと隠れ、こちら側は瞬時にして陰になる。

まだ日は十分高く、日没まで2時間以上はあるのに、ポジがネガになるように光が一瞬にして暗転する。大気の中の暖気、エネルギーは急降下し、マイナス5度ほどだった気温が一気にマイナス20度へと下がり始め、急激な温度差のせいで、氷上を風が吹き始め、それがさらに気温を落とす。

「太陽よ、沈むな、もう少しだけ待ってくれ」

そう祈りながら最後の標高差100mを登り切ろうとするが、不思議なもので、こうなると突然のように体が動かなくなる。胸も苦しい。氷の急斜面の固定ロープに登行器《とうこうき》で自分の体を預けながら一歩一歩登っていくのだが、歩みはスローモーションのように、つい先刻の半分の動きになる。

まるで光合成である。人間とは光を奪われた途端にこんなにも弱くなるものなのか、と考

朝、ダウラギリの雪面に反射する強い日射し＝2019年10月1日、筆者撮影

えたのはずっと後の話で、そのときはあと一歩あと一歩とひたすら地面を見ては数を数えていた。

ようやく6550mのキャンプ2にたどり着くと、斜面を切り開いて二つのテントを張っていたシェルパが、犬の餌を入れるようなステンレスのおわんに、粉ジュース入りのお湯を注ぎ「さあ、飲んで、飲んで」と渡してくれる。

リュックにしゃがみ、おわんを抱え込んだ私は息を整えながら飲み切った。そして、まだ下にいる明さんが上がってくるのを待とうと、しばらくその場でぼおーっとしていた。

すると、パッサンさんが「テントに入った方がいい」と私を中へと促した。テントに入り、やはりぼーっとしていると、「靴下はあるか、アタック用の厚い靴下！」と聞くので、リュックの中を探るが動きも遅く、なかなか見つからない。

パッサンさんが「僕がやるから」と自分で見つけ出した靴下をビニール袋から取り出すと、私の両手に一つずつかぶせた。そして、靴下の上から私の手を一気にこすり始めた。彼は私の凍傷を恐れていたのだ。

パッサンさんは素手のままで、その分厚くゴワゴワした手はよほどのことがない限り凍傷になどならないように思えた。

シェルパである自分たちに比べれば、おそらく何時間も遅く、もたもたと登ってきた末、しばらくぼうぜんとたたずんでいる私を見て、危ないと思ったのだろう。

私の指は冷え切ってはいたが、凍傷にならないとわかっていた。学生の頃から北海道の日高や十勝でマイナス20度を何度も経験している。本当に冷たくなるときの指の感覚はわかっているはずだった。

それでも私は、「大丈夫だよ」と彼を払いのけようとはしなかった。それほど私は疲れていたのだ。「本当にこれじゃあ、名門幼稚園の遠足だな」と思いながら、なすがままに任せていた。

名門幼稚園の遠足。つまり自分は何もしなくていい。全て先生がやってくれる。ただ歩いていればいい。「名門」じゃなくてもそうだろうが、そんな中に私はいた。

それでも、そんな、ただ歩くだけのことが本当に大変なのだ。

とにかく登ることだけに集中する。シェルパのおかげでそんな環境を許され、ただただ歩くことだけに全力を注いだが、そのとき私は、まるで初めて本当の登山をしているような気がした。

医師で登山家の原眞《はらまこと》さん（1936〜2009年）が東京大学スキー山岳部OBの駒宮博男さんとの対談でこう話していた。


日本の山は、そこで生活することを楽しむような山ですよ。それが日本の山を味わうときの一番よい方法で、穂高から剣《つるぎ》へ縦走するとかいうのも、肉体的には多少くたばるけれど、それは生活を楽しむ行動ということになる。散歩みたいなものだよ。それが日本の山のよさであり、限界でもある。だけど、六〇〇〇メートルを超えた山は生活の場じゃない。それに居続ければ死の場所となる。そういうところに戦いを挑むということになれば、日本の山にない登山観があってしかるべきなんだ。（略）

剣なんかは、やや外国の山の風貌をもつんだね。それは遠くから見えるということだ。ああいう山は日本では少ない。（略）山に接近するとまったく見えなくなっちゃうね。谷が深くて藪《やぶ》もあるし。（略）沢登りなどは何も見えなくて、水の中を楽しんでいるんだ。すごく主観的な登山だな。ところが、外国の高山というのは、否応《いやおう》なしに客観視しなくてはならない条件があるわけだ。それと闘争心

（原さん主宰の高山研究所編『登山のルネサンス』）

私は「山での生活」をシェルパに任せ、巨大な山の頂を目指し、ひたすら歩くことに専念できた。それは14歳から始めたこれまでの登山とは全く違うものだった。

だからこそ、あの日あのとき、原さんが語った「日本の山にない登山観」を垣間見て、「初めて山に登っている」気がしたのかもしれない。

9

雪崩のロシアンルーレット

ダウラギリに出発する前、新聞社の廊下を歩いていると同期入社の記者が少し改まった顔をして「おい、ちょっと。壮行会をしようと思って」と声をかけてきた。

「壮行会？　何の」

「例の、ダウラギリの」

「いいよ、そんな大したもんじゃないから」

「いや、でもやらないと」

奇妙である。

彼とは31年前の入社のとき、二人とも転職組だったため、それなりに親しくはしてきた。廊下で会えば「おお」と笑顔を交わし、ほんの少しは立ち話をする仲だ。だが、一度も同じ部、職場になったことがないため、食事をしたり飲んだりすることは入社以来ほとんどなかった。

その夏、彼は会社の早期退職者公募の流れで、関連企業への転職を決めたところだった。そんな話を聞いたついでに、私の方もダウラギリ行きの話をすると、次に会った時、彼はずいぶんと感慨深げな顔をしていた。そして壮行会の話を持ちかけてきた。

「ダウラギリって、ちょっと調べてみたけど、すごいところじゃない。ずいぶん死ぬんだろ。行ったら行ったきりってこともあるんじゃない」

口調は冗談ぽいが、感情がこもっている。

おそらくネットで何かを読んだのだろう。

ウィキペディアの「8000メートル峰」の項目には、エベレストをはじめ高い順から計14座の8000m以上の高さの山の名が並んでいる。その脇に、それぞれの2011年末までの歴代登頂者数と死亡者数が出ている。そして、その脇に「死亡／登頂比」という項目があり、%の数値が並んでいる。

死亡者数を登頂者の数で割り100をかけた数字、パーセンテージである。

ダウラギリは1960年のスイス隊による初登頂以来の登頂者が「448人」で、死亡者は「69人」とある。「死亡／登頂比」はこれを単純に割った数字で、「15・4%」となっている。

この数字だけを見せられれば、ダウラギリはひどく危険な場所に思える。「登った者100人のうち15人あまりが死ぬ山」と受け止めてしまう。

同じ数値を見ると、最悪がアンナプルナの「31・9%」で、K2が「26・5%」、ナンガパルバットが「20・3%」で、ダウラギリはそれに次ぐ4番目の悪さだ。ちなみに圧倒的に登頂者数の多い最高峰エベレストは「3・9%」と意外に低い。

危険度を比べる一つの目安にはなるだろうが、この数字は「死亡率」ではない。「死ぬ可能性」を考えた場合、分母は登頂者ではなく登山者全員にすべきだからだ。登頂できた者ではなく、登頂を試みた者のうち何人が死んだのかということだ。

個別のインタビューなどを基に登山状況を掌握している調査組織「ヒマラヤン・データベース（The Himalayan Database）」によると、1950年から2018年までのダウラギリでの死者数は63人で、ベースキャンプまでのトレッカーを除いた、シェルパを含む登山者数は2060人に上る。

これを分母にして割った「死亡÷登山者」の比率は約3%で5分の1まで下がる。つまり、登山を試みた者100人のうち死ぬのはせいぜい3人という確率だ。

死者63人の死因を見ると雪崩が23人と最も多く、次に滑落の20人で、登頂後の下山時よりもルート工作中、つまりピークを目指して登っているときの方が死者は3倍も多い。

100人のうち3人という数字は国内登山や、例えば戦場報道で死ぬ確率と比べればはるかに悪い数字だが、同期の男が言うように「行ったら行ったきり」というほどのことはない。

彼にしてみれば「15・4%」の数字に驚き、「58歳になってよくやるよ。なんなんだろう」といぶかり、壮行会を思いついたようだ。結果的に築地のすし屋で4人が集まり、久しぶりにおだを上げたが、「壮行会」なのになぜか割り勘だった。


ダウラギリの下見も兼ね、私と相棒の齋藤明さん、そして郡山勤労者山岳会のメンバーたちで2016年秋にアンナプルナ周辺をトレッキングしたことがある。そのとき、私は幾つもの山を見た中で、特にダウラギリの重量感に魅せられた。

8000万年あまり前、インド亜大陸がユーラシア大陸に衝突するなり、地中からにょきっと現れた重金属といったイメージを私は抱いた。妙に魅力のあるこの山が気になり、私はネパール人ガイドのマンチャンさんにあれこれ聞いた。

ダウラギリに3度も遠征した彼の日本語での説明が忘れがたかった。

「ダウラギリはいい山だけど難しいんだよ。雪崩がひどいからね」

「どの辺で」

「いろんなところで雪崩が起きるけど、必ず起きるところがあってね。でも、そこを通らないと上に行けないんだよ」

「どれくらい頻繁に起きるの?」

「1週間に1回必ずあるの」

「じゃあ、雪崩の直後に行けば大丈夫じゃん。次の日とか」

「そうじゃないんだよ。1週間に1回起きるけど、きょう起きたら、あしたは起きないと思うでしょ。違うの。きょう起きたら、すぐにあした起きるかもしれないの。それで2週間ずっと起きないとか」

「うわっ、ロシアンルーレットじゃん」

回転式のピストルに弾を1発だけこめて、自分の頭めがけて引き金を引く死のゲームのことだ。6連式の銃の場合、確率は6分の1である。

「そうそう、それ、ロシアンルーレットだよ、本当」

マンチャンさんはものすごく丈夫そうな真っ白い歯を見せ、笑った。

私が高山病に苦しみながら何とかベースキャンプにたどり着いたとき、まず耳についたのは雪崩の爆音だった。「ズドン」あるいは「ブオン」という大砲か発破のような重く鈍い音が響き、「ザーッ」と雪が一気に崩れる音が鳴り、その音波が硬い岩壁に当たって、ベースキャンプに衝撃波として跳ね返ってくる（ちょっと大げさですが）。

「うわっ」と声を上げると、先にベース入りしていた明さんが「あ、雪崩ですよ。すぐに慣れますよ」と、俺は平気だもんね、とすまし顔をしている。

確かに、1日、2日で慣れてしまい、なんとも思わなくなるが、週に2度ほど地響きを立てるような大きな雪崩がつい先刻まで歩いていたルート上で起きたりするので、その時はバッとテントから飛び出して遠望する。

「マンチャンが言ってたのはこれかあ」

実際目の当たりにしてみると、ぶち当たったら絶対に助からないことがわかる。

標高4750mのベースキャンプから5750mのキャンプ1までが特に危ない。北壁と呼ばれる大岩壁からしょっちゅう落石があり、その後現れる氷河のプラトー（台地）の上の急斜面、そしてキャンプ1周辺も雪崩が頻発する。

ベースから見上げたときや、雪崩のせいで氷河から200mも上空まで上がる雪煙を見るときはまだどこか人ごとだが、実際、その場を歩く段になると、シェルパたちは気が気でな

キャンプ１の下のルート上で発生した大きな雪崩＝2019年10月4日、筆者撮影

いのか、必死になって叫ぶ。

「パラサーブ（隊長）！　ハリアップ、ハリアップ（早く早く）、ラン、ラン（走って、走って）」と大声でけしかけるが、高所なのでそうそう体は動かない。

落石だらけの雪面や、今にも雪崩が起きそうな急斜面をゼイゼイ言いながら難所をクリアしていくが、どうしたことか、死への恐怖はほとんどない。

国内の冬山に行くときは雪崩に埋まった際、雪の下から救助者に向け電波を発信するビーコンという機器を身につけ、人を掘り返すためにスコップも担いでいる。

ところが、ダウラギリでは私も明さんもシェルパたちも何も持っていない。雪崩への警戒にはうるさい明さんにしてはずいぶん甘いと思ったら、「いやあ、実際、埋まったらもうどうしようもないですから。助けようがないですから」ということだ。

「早く早く」とシェルパが叫ぶのは無理もない。下手したら自分が死ぬし、ガイドとして客を無事帰らせてこそプロだという誇りもあるのだろう。私たちのように趣味や情熱やら何やらでダウラギリに来ているのではない。

では、私たちは何なのか。

きっと大雪崩が起きたら、その瞬間に気づく。それは1000mも上で始まり、その爆音を合図に私たちが上空を見上げたときにはもう遅い。巨大な雪の壁が私たちを、他のパーティーもろとも押し流していることだろう。

それをありありと想像できるのに、ほとんど恐怖を感じないのはなぜなのか。

いや、そもそも、恐怖とは何なのか。遠征の最中、私は日々そんなことを考えながら、苦しい斜面を歩き続けていた。

10

恐怖は調節できるのか
危機の中ゆえの静謐

恐怖とは何なのか。

物心ついた頃から自分とともにあり、自分の中で育ってきたこの感情、いや情緒か、あるいはもう少し肉体を中心とした感覚なのか、いずれにしても恐怖とは一体何なのか。突然のように来たり、じわじわ大きくなったり、その現れ方は自分でも予測がつかず、簡単にはパターン化できない。ときに他人との関係、距離、あるいは差別にまで影響を及ぼす、人を動かす大いなる原動力でもある恐怖。回を重ねることで慣れることもできるようでいて、できないような矛盾まみれの存在だ。

「早く早く」と私に同行してくれるシェルパのペマさんにせかされながら、私は落石が絶えないダウラギリの北壁や、雪崩の危険がある斜面を黙々と歩いたが、不思議と恐怖はなかった。むしろ「静謐《せいひつ》」という難しい漢字が頭の中に浮かび、聴覚や視覚が妙なほどさえている。頭が冷静で、感覚が敏感になっているのだ。

思考の方はどうだろう。そういう場面に立ったとき、私の場合、似たような言葉が頭の中にのぼってくる。「まあ、ぶち当たったらそれまでだ」「死ぬときは死ぬときだ」

これは心底そう思っているというより、恐怖に打ち勝つための呪文のようなものという気もする。開き直っているように思えるが、自分自身そこまで覚悟ができているわけではない。おそらく実際に落石や雪崩がリアルなものとなった時には「ぎゃあー」と絶叫し、気絶寸前になるほどおびえ、わなわなと震え上がるだろうが、私がいるのはまだそこに至る前の場面なのだ。だからこそ涼しい顔をして、「来るときは来るときだ」と、ただただ呪文を唱え続ける根拠なき楽観主義にすがっているのである。

ダウラギリの「死亡者÷登山者」の比率は約3％だ。トレッカーをのぞいた登山者、つまりベースキャンプから上へと登っていく人たち100人のうち3人が死んできた計算だ。これはちょうどお年玉年賀はがきで切手シートが当たる確率と同じである。はがきの番号の末尾00から99番までの100枚のうち当たるのは3枚である。私は年賀状をやめて久しいが、それでも毎年20枚ほどもらうと、新聞で懸賞結果を見るのが楽しみだ。くじ運がいいのか2020年は20枚で2枚も当たっていた。

そう考えてみるとダウラギリで死ぬ確率は結構高い感じがするが、その場にいるとき私が平然としていられるのは、「当たるはずがない。いや絶対に当たらない」とあえて思い込もうとしているから、という気がする。

「気がする」「ようだ」という文末が多くなるのは、実際に自分の身に起きたことなのに本当のところ、よくわかっていないからだ。つまり自分も含めた人間のことが、恐怖一つとっても私にはまだよくわかっていない。だから、いくら考えても断定できないのだ。

恐怖をつかさどる、恐怖を呼び起こすのは「扁桃体《アミグダラ》」という脳の部位が関係しているという。

扁桃体は脳の両側面の少し内側にある視床下部の下にあり、その扁桃体の五つの領域のうちの二つの領域の活性化が恐怖に絡んでいるそうだ。磁気共鳴画像化装置（MRI）の技術などによって、1970年代から急速に発展を遂げた神経科学（neuroscience）によって解明されてきたわけだが、まだ確定しているわけではない。

扁桃腺でも使われているこの扁桃という言葉はもともとアーモンドのことを指しており、実際にその形がこのナッツに似ていることから、この脳の領域はギリシャ語でアーモンドを指すアミグダラと呼ばれるようになった。

これは人類の脳の進化でも奥の奥、つまりかなり早い段階から脳内にあった部位で、魚類が爬虫《はちゅう》類に進化する過程でできたとみられている。脳の中でも古層にある動物的な、あるいは本能的な働きを担う領域と言える。感情には喜怒哀楽などいくつもの種類があるが、恐怖は後々に大きく発展したものではなく、かなり古くから動物に備わっていたものらしい。

大人だって、赤ちゃんだって、犬だって、あるいはトカゲだって、部屋の向こうから「グレートモンガラン」とでも呼べそうなとんでもない怪物がいきなり入ってきたら、その情報が「視床核」と呼ばれる領域から0コンマ何秒後には扁桃体に伝わり、それが恐怖という感情（合図）となって自動的に反応する。これはもうインプット即アウトプットの動きで、えたいの知れない物、巨大な物に対する恐怖は学習で得たというより、学習も事前情報もなく生まれながらに備わっている反応であるため、人工知能に同じような仕組みを持たせることは、まだまだできないらしい。

こうした恐怖に対する反応も、何でもかんでも逃げるという同じ反応をすればいいのではなく、研究の第一人者、ジョゼフ・ルドゥーの著書『シナプスが人格をつくる』によれば、恐怖をある程度コントロールするには「意味のある条件づけ（どんなときにどう反応すべきかのパターン化）」が求められる。

この条件づけには、記憶をつかさどる海馬が大事になってくる。

――――――――――

海馬—扁桃体回路により、状況の詳細な特色にもとづいて恐怖反応が調節される。自然界の獣は怖いが、動物園の獣は（怖くなく）興味深いというように　※（　）内は筆者

――――――――――

落石や雪崩の巣を通るとき、私が全くと言っていいほど恐怖を感じないと思い込んでいるのも、これまでの幾多の経験から、自分で恐怖に対する反応を「調節」しているから、という気がしないでもない。海馬に経験の数々が詰まっているわけだ。

以前、春に北海道の利尻岳西壁の左ルンゼをトップで登っていたとき、下でザイルを出して確保をしていた仲間2人が突然大騒ぎを始めた。「何だ?·」と首を左下に傾けたら、私の右側の耳元で突然ヘリコプターの爆音のような「バタバタバタ」という大音響が鳴り響いた。その少し前に札幌の映画館で見た映画「地獄の黙示録」の冒頭シーン、戦闘ヘリの音そのままだった。

その音と風圧で私の頭が左側に若干かしぐのと同時に、大音響は通りすぎていった。何のことかわからず、とっさに右下を見ると大人の頭、それもかなり大きな頭を半分に割ったほどの長方形の岩が「シュルンシュルン」と音を立てながら、ものすごいスピードで雪壁を落ちていった。

「バタバタバタ」という爆音は猛スピードで私の耳の脇を落下したときに巨石が風を切る音だった。その瞬間、私は背中がすくみ鳥肌が立ったが、次の落石が来るのが怖くなり、慌てて難所を登りきった。落石があれほどの音を立てるなど、そのときまで想像もしていなかった。そのせいかあの爆音は今の今でもはっきりと覚えている。

その後、落石と言えば、インドヒマラヤで下山のキャラバン中に、たまたま、仲間と私の距離が30mほどあいたとき、突然側壁で岩雪崩が始まり、前の仲間も私もちょうどうまい具合に難を逃れたことがあった。

雪崩は、足元からすっと亀裂が入り「ドン」と鳴って「ザー」と流れていく表層雪崩は経験してはいるが、上から覆いかぶさるものは、幸いにしてまだ知らない。

こうしたいくつかの「不可抗力」と呼ばれる経験。自分でいくら準備をしても、身構えても避けようのない出来事が私の海馬の中にたまり、扁桃体との間でうまく「調節」を図って

ダウラギリのベースキャンプ上の北壁をトラバースする。ここは落石の巣
＝2019年9月29日、齋藤明撮影

いるのではないかと思われる。

この際、どうもがいたって仕方がないのだ。少し早歩きしたからといって、それでぶち当たるかもしれないし、下手に上ばかり見上げていればいいというものでもない。ここは一つ明鏡止水、落ち着いた気持ちになって、「大丈夫だ、おまえは大丈夫だ」「怖くないぞ、まだ平気だぞ」「オンアボキャベイロシャノマカボ……」と唱えて淡々と難所を越えていった方が、経験上、身のためだぞと、もう一人の私が歩いている私に教え込んでいる節がある。いや、こんところはまあこれでと海馬が扁桃体に根回ししてくれているのだ。

実際、利尻の落石のときだって、仲間が「うわあ」と叫んだのを合図に左下を向いたのが功を奏して、私は落石を頭の右側にやり過ごしたわけで、それはたまたまにすぎない。もしかして逆の方、右側に私が体を傾けていたら直撃は避けられても落石をヘルメットに受け、あのスピードだから頭頂部は割れ、下手したら首が吹っ飛んでいたかもしれない。

そんな言葉は使いたくはないが、これはもう運命なのである。運命。いざ使ってみると実に魅惑的かつ安易な響きだ。

〈人生におこるすべては偶然ではない〉とはイタリアのジャーナリストで作家のティツィアーノ・テルツァーニ（1938〜2004年）が「9・11」をめぐる論考『反戦の手紙』（飯田亮介訳）

の冒頭で書いた言葉だが、カトリックを捨てアジアの旅の中で最終的にはラマ教のサドゥー（修行者）になった彼ならではの言葉と言える。まだ中途半端な私はそこまでは言いきれない。生きている間に言いきれるかどうかの自信もない。

これは偶然だろう。偶然、あの落石を、あの事故を、あの銃弾を、あの墜落を自分はたまたま避けられたにすぎない。私は7：3、6：4でそう思う方だ。

その偶然をため込んだ海馬が、「恐れるな、ただ歩け」「いつも通りに静かな気持ちで前に進め」と促す。

私はもともとはとても臆病な性格だ。怖がり、弱虫、泣き虫である。小さい頃、「ちょっとお使いに行ってくるからね」と母親に言われ一人留守番をしていたときは、柱時計の音、壁に掛かった人形の目、日だまりにいそうな何かの気配に一人おびえ、最後は玄関前の部屋の畳の上に亀の姿勢で突っ伏し、首をすくめ、ひたすら母の帰りを待っていた。

叱られて外に出されると、2歳上の兄はぴゅーっと暗い公園の方へと一人走って行ってしまうのに、私は暗闇の恐怖で泣きじゃくり玄関の扉にしがみつき、10mさえも家から離れることができなかった。兄とその友達に金魚のふんのようにつきまとい、大きな屋敷の庭の竹やぶにあるおいなりさんの陶器のキツネを触るよう言われても、そのキツネのつり上がった目が怖く、どうしても触ることができなかった。

家族で海水浴に行けば、砂や水の中にいるイソギンチャクなどえたいの知れない生物が足の裏から体内に入ってくるのではないかと想像するとそれが実にリアルに感じられ、親が「脱ぎなさい！」と繰り返し言っても、首をすくめるばかりで、運動靴を脱ぐことができずじまいだった。

そう。私はナチュラルボーンチキン、生まれながらの臆病者だ。単に危険に対する怖がりというより、砂浜にいる奇怪な水生生物など、自分の想像がもたらした相手を一人で勝手に怖がるタイプの妄想型の臆病と言える。これは現在にも通じ、私は人が好きでありながら人を恐れているところが常にある。よほど身近な人間を除き、自分と関わりのある人間を恐れているのだ。いったい普段何を考えているのか。自分を嫌っているのではないか、陥れようとしているのではないか、といったことを考えるのが日常茶飯事である。

運動神経も鈍く、徒競走となると大体5位か6位で運動会が大嫌いだった。鉄棒の逆上がりも、普通の体形なのに最後までできないグループに残され、野球やサッカーなど球技となると、協調性の欠如も手伝い、ほとんど早々に諦めるくちだ。ところが小学校高学年の頃から、数々のスポーツの中でも長距離走だけは強い方だと気づき、それにすがるように12歳から毎晩のように近所を走るようになった。そんな成長期に鍛えた心肺機能、持久力がたまたま14歳で覚えた登山とうまく合致し、現在に至る。

登山を始めれば早々に恐怖に直面するわけだが、私はきっと知らず知らずのうちに天秤にかけてきたのだろう。

従来通り臆病の道を維持するか、無理してでも臆病を克服し、スポーツの中で自分に最後に残されたジャンル、登山を続けるかどうか。結局、後者が勝ち、私は山を続けることができたわけで、その間の幾多の恐怖体験のおかげで、「危機の中ゆえの静謐」といった境地をなんとか身につけたのではないか。追い込まれたとき、私が妙なほど平然としているのが気に障るのか、「なんでそんなに冷静なんだ」と戦場の危ない場面で「国境なき医師団」の半泣きのノルウェー人に詰め寄られたこともある。

私が見てきた限りで言えば、欧州やアフリカ、ラテンアメリカで出会った人たちは今にも敵が襲ってくるといった途轍もない恐怖に陥ると、パニックのように大騒ぎをし、地団駄を踏み、右往左往した。その脇にいる私はというと、恐怖を心の中で感じはしても、表向き、平静を装うというのが常だった。

普段も、いろいろ私生活で危機的な状況に追い込まれても、原稿も睡眠も普段となんら変わらず、ルーティンをこなしているので、身近な人に「よく平気で寝てられるわね」となじられたりすることも少なくない。でも、決して、安心立命なわけではない。

神経科学のエキスパート、ジョゼフ・ルドゥー博士が言うように、私は単に恐怖に対する反応を海馬と扁桃体の回路でうまく調節しているにすぎないのではないか。

(動物園の獣は)興味深いと思う気持ちの下には、いつでも作動できる反応システムが潜んでいる。ダーウィンは、ヘビが襲いかかる動作をすると、動物園のガラス越しだとわかっていても恐怖反応を抑えられないという経験からそのことを知った。

(『シナプスが人格をつくる』)

私は「なんで怖くないのか」と自分に対して疑問を抱いてはいるが、実は自分の底に「いつでも作動できる反応システム」が潜んでいるだけの話であって、根の臆病さが治ったわけではない。ただ臆病でないふりをしている。いくつもの危険をくぐり抜けてきて、多少運もいい自分になりきっているということなのではないか。

なぜなら、本当の恐怖が自分を襲ったときはすごいものがあるからだ。

11

高所恐怖とホッブズ勇気との互換関係

ベースキャンプに向かって下りているとき、突然、ひょうが降り始めた。私は、急な雪面をザイル（ロープ）にぶら下がるようにして懸命に下りていた。すると「ダンダンダンダン……」という巨大な鉄板をぶつけ合うような音が耳に入ってきた。ここはヒマラヤである。工事などやっているはずはない。次第に大きくなる人工音を「何だろう」と私はいぶかった。

激しいひょうのせいで視界は数メートル。斜度は50度以上あるが、下がよく見えない。どこかで誰かがポンプでも動かしているのか。でもなんで？　小屋なんかないじゃないか。ザイルに身をあずけ、雪だまりで急停止したときに、自分で自分に驚いた。「ダンダンダンダン……」という機械のような音は自分の心音だったのだ。

そんなふうに聞こえたのは初めてだった。

外からの音だと思ったのは、あまりに大きかったからだ。過去に何度となく死にかけ、怖い思いをしてきたけれど、心臓の音がこれほど大きかったことはない。

その日は高度に慣れるため初めて標高6000mまで登り、一度ベースに戻る日だった。つまり、標高5200m付近の、長さにして300mほどのその急な雪の斜面を初めて下りる日だった。この斜面はその後、何度も上り下りすることになり、最後はザイルにカラビナをひっかけて滑り台みたいに下りる通称「シリセード」で気楽に下りるようになった。

でも、初めて下った時は視界が利かずひょうに降られたのも影響したのだろう。私にとっては本当の恐怖の時間となり、心音があれほど高鳴ったようだ。

雪崩や落石のロシアンルーレット、つまり、近い将来に起きるかもしれない恐怖を「静かな恐怖」とすれば、山を歩いているときに突然感じる高所恐怖などは「動く恐怖」とも言える。私の場合、後者の恐怖に襲われることが時々あり、急斜面でのそれはまさに「動く恐怖」そのものだった。

そもそも恐怖とは何だろう。

イギリスの哲学者、トマス・ホッブズ（1588〜1679年）は、恐怖が人や動物を動かすと書いている。
自分自身の中から生まれてくる恐怖を知ることの大切さを説いた上でホッブズはこう定義する。

恐怖　「嫌悪」の情に加えて、対象から「害」を受けるという考えが伴うときは《恐怖》である。
勇気　同じ「嫌悪」の情に、抵抗によってその害を払いのけられるという希望が伴うときは《勇気》である。
怒り　突如とした「勇気」は《怒り》である。

（『リヴァイアサン』）

引用をまとめればこうなる。
「嫌悪が恐怖の原因ではあるが、嫌悪だけでは恐怖は生まれない。自分が害を受けると思ったときに恐怖となる。逆に嫌悪などは払いのけられると思えるのが勇気だ」
「当たり前じゃないか」という話だが、恐怖と勇気が裏表の関係にあることがわかる。

ここで、ホッブズにのっとって、恐怖を考えてみたい。

私が山にのめり込んだのは14歳の5月の八ケ岳だった。兄に連れられ無謀にも赤岳から硫黄岳まで雪の稜線を、買ったばかりのアイゼンで縦走した。そのとき、稜線から下をのぞき込み「落ちたら死ぬな」と思ったのをよく覚えている。でも、それ以上に、高い所から見下ろす自然の風景を「すごいな」と思い、それは快感に近い感覚だった。

私は子供の頃臆病だったが、山を始めたその時点では、高さに対し、嫌悪するどころか好感を抱いた。

以来、長じて沢登りや岩登りなど、より危ない登山を始めても高所恐怖を感じることはなかった。幸い、事故も一度もなかった。

ところが、20歳になった年、北海道で学生をしていた私は立て続けに落ちた。

一度目は20歳になったばかりの5月、小樽にある赤岩という岩登りのゲレンデで墜落した。登っている者が落ちたら、下でザイルにつながった者がどう止めるかという訓練をしていたとき、登り役だった私が、手本に5ｍほど登って落ちてみせると、止める見本を見せる役割の仲間がうまく止めることができず、私は岩のある地面に背中からたたきつけられた。後頭部を打ち、落ちた後もしばらくその場でぼおっとしていた。

二度目は2カ月後の7月、芦別岳というところだった。雪渓を下っていたとき、つるんと滑りどんどんスピードが出て、あおむけのまま100mほど滑り、あわてていたら、雪渓の脇のハイマツ帯に突っ込んだ。下にいた仲間が「大丈夫か!」と叫んだので、「大丈夫だあ!」と応じたが、ハイマツで腹や背中に擦過傷ができ、血も結構出ていた。

三度目は8月の剣岳で、やはり雪渓を下っていたとき、登山靴を持って来ずに一人地下足袋で行動していた私は、滑ったらやばいと足の裏にハーケンを巻きつけて慎重に慎重に下りていたら、やはりツルッといった。重力は加速度なので、滑るごとにスピードが増す。私は前回の滑落よりもかなり焦り、雪渓の上にバラバラと散らばっている巨石にぶつからないよう体をひねって落ちているうちに、やはり運良くハイマツで止まった。100mほどだったが、このときは、頭が岩に激突するイメージがビジョンとして現れ、かなり怖かった。

四度目は翌年の1月だった。日高山脈の北部の稜線をスキーで歩いているとき、カリカリになった雪面でバランスを崩し、重い荷物を担いだまま頭から滑落し、ストックで制動をかけ20mほどで止まった。

今思うと不思議なのは、こうした事故が全て20歳のときに集中していることだ。ところが、落ちることに懲りるどころか私はより難しい山登りにのめり込んでいった。翌年、21歳の夏には、利根川源流に沢登りに行ったとき、雪渓のブロックで埋まった谷底でにっちもさっちもいかなくなり、崩れそうな雪渓の穴を走って飛び越えたりと、とんでもない行動をしていた。

でも、20歳の体験を機に、雪渓の上に立ったときや急斜面を前にすると「すっ」と緊張のスイッチが入るようになったように思う。

ホッブズに従えば、それはきっと「落ちる体験」が「嫌悪」となり、それが原因で「恐怖」を感じながらも、払いのけられる「勇気」をまだしも備えていた時期だった、ということになる。20代という若さ、バカさもあったのかもしれないが、その頃の私は仲間たちと幾つもの大滝をザイルも使わずに登り下りしていた。「落ちるかもしれない」と思わなかったのは、脳も体も登山のために万全の状態になっていたからだと思う。

1年のうち120日ほどを山で過ごしていたので、普段気の抜けた暮らしをしていても、常に程よいリラックス混じりの緊張状態にあった。そういうときは、高さ40mもある滝の上に立っても「うわ、すごい高度感。見事だな」「ここを下りていくのか、すごいなあ」と思いはしても、「落ちる嫌悪」を感じずに済んでいたのだ。

ところが、20代も後半になり、人並みに就職、結婚することで、いつしか登山よりも仕事を優先するようになった私は、年間50日ほどしか山に入らなくなった。それでいて気分は

１２０日登っていた学生時代のままのため、以前なら考えられないようなミスを犯し、自分を死の寸前へと追い込んだ。

27歳の11月、私はエンジニアから新聞記者に転職することになり、鹿児島に暮らした記念にと、屋久島の沢登りに行った。その2日目、切り立った側壁をザイルで懸垂下降中、いろいろなミスが重なり、宙吊り状態になった。ザイルを握る手の力が尽きれば、80ｍから１００ｍほど下へと墜落する窮地に追い込まれた。

おそらく私の人生で最も濃密な5分間だった。上には仲間の鹿児島人、米丸君が「どうした！　どうした！」と叫んでいた。だが、どうしたって、彼一人、不安定な木の上で私と重いリュックを引っ張り上げることなどできないと瞬時にわかり、私は何も答えられなかった。というより、恐怖でのどがつぶれ、「ああー！」としか声が出なかった。

初めて本当の恐怖に襲われた私は、声が出なくなり、耳で感じる音も遠ざかっていった。自分のミスから、手元に脱出するためのシュリンゲ（スリング）がなかった。重いリュックを下に捨てようと思ったが、古いタイプのウエストベルトなのでうまく外せない。外す動作をするうちに腕力が落ち、片手をザイルから離すことができなくなった。ついにはリュックの重さで頭が下になり、逆さ吊りの体勢で「うわあー！」と私は心で叫んでいた。

　はるか下の沢底に赤さび色の岩盤が見えた。あの堅い岩に向かって頭から墜落する。一瞬にしてグシャッと割れる。脳が粉々になる瞬間を映像的に、痛みとして生々しく感じた。

　腕力が尽き、腕がやけどのように痛くなり、もうダメだと思った瞬間、終わるんだという深い寂しさが襲ってきた。人生ってこんなに早いんだ。

　握力が尽き、ずるずる手が滑り始めたとき、右の視界に木が見えた。飛びつこうとしたが、両手を離した途端に落下すると悟り、思わず木に向かって必死に体を揺らすと、何度目かの揺れで体がふわっと軽くなった。リュックが木に引っかかり重力が分散されたのだ。両腕が一気に楽になり、宙に浮いているような感覚だった。

　私はそっとリュックの雨ぶたに手を伸ばし、チャックを開くと、そこに入っていたシュリンゲを取り出しザイルに二重にからめると、腰の命綱につけているカラビナに慎重にはめた。カラビナがしまるカチッという音とともに、私は生還した。

　助かった途端、消えていた音が一気に耳に押し寄せてきた。沢の音、滝のしぶきの音、羽虫やセミの声が飛び込んできた。密林が大合唱しているようだった。

「どうしたー！」。叫び続ける米丸君の声がことのほか大きかった。

私にとって最大の恐怖体験だった。20歳のときの滑落や墜落はほんの一瞬だったが、屋久島では腕の力が尽きるまでの5分間、じわじわと恐怖を味わわされた。

自分で封印してきたためか30代の頃は思い出さなかった。なのに、40代になってから、そのときの感覚が度々よみがり、今もぞわっとすることがある。

はっきりわかったのは、人間は死にひんする恐怖の中でも、それに惑わされず、最後の最後まで妙に冷静に生きる可能性を探る、ということだ。本能とも呼べるような人間の反応なのではないかと私は思った。

ホッブズは「恐怖」と「勇気」を裏合わせのように分けていたが、それは常にともにある互換関係にあり、並列しているように私には思えた。誰もが恐れ、誰もがそれに打ち勝とうとする。それは資質ではなく、生物としての人間に備わったものなのではないか。

ダウラギリでひょうが降り始めたとき、そこはただの急斜面にすぎなかった。なのに心音が異常に大きく思えるほどの恐怖を感じたのはなぜなのか。

単に斜面、滑落、墜落という連想から、屋久島でのトラウマがぶり返したのか。

それもあるかもしれない。だが、再びホッブズに立ち返れば、落ちるという「嫌悪」を払いのけるほどの抵抗力、「勇気」を、今の私は以前ほど持ち合わせていないということかもしれない。

だからこそ、私の心臓と鼓膜は、あの爆音、巨大なポンプのような大音響で「おーい、恐怖が来るぞ」「大丈夫かあ！」と必死になって私に警告していたのだろう。

何もかも私個人の体験にすぎない。そこに何か普遍的な意味はあるのか、と問われれば苦しいところだが、私はそこにこそ普遍性があると信じている。ホッブズもこんなふうに言っているからだ。

ひとりの人間の思考や情念は他の人間のそれに類似している。したがって、人が自分自身の内部を深く見つめるならば、自分がたとえば「思い」「考え」「推論し」「希望し」「恐怖する」ときに何をしているのか、また何にもとづいてそうしているのかを考察するならば、同じようなばあいにおける他のすべての人々の思考や情念を、そこから読みとりまた知ることができる。

（『リヴァイアサン』）

そう、私は特殊な地での私自身の恐怖やその他もろもろの感情、感覚を振り返ることで、人が生きること、人間そのものを知ろうとしているのだ。

12

死に近づくと時間は延びるそれは健全なことなのか

以前、奥多摩の森でこんなことを思った。沢を登った帰りの下山道、もう少しで最終人家というところで腰を下ろし、ぼんやりと杉林を見ていた。

そうか。自分はただ山にいたいから山に登っているんだ。誰もいない森でじっとたたずんでいたいから、山に来ているんだ。

そうかもしれない。

私は仕事があるから仕方なく東京に住んでいるが、できるなら地方に暮らしたい。どうしても東京周辺というなら、すぐに山に行ける奥多摩町やせめて八王子市あたりに住みたい。地形図を見たら一目瞭然だが東京の大半は異常に真っ平らで、どこも人だらけだ。

もともと大都市とは肌が合わない。

1歳から東京で暮らし、高校に入ると早々に満員電車が耐えられず、40分かけて自転車通学するようになった。人がこんなに狭い所にすし詰め状態になって移動していること自体が異常に思えたのだ。「地獄」とまでは思わないが、いくら通勤、通学だからといって、こんな状態に置かれることが耐えられなかった。それは40分間の移動という肉体的な苦痛よりも、それを静かに鼻息だけを出しながらひたすら耐えている人々のあり方が耐えられなかった。

すぐに慣れると言われたが、なかなか慣れることができず、結局、慣れないうちに脱落し、別の道を選んだ。わざわざ北海道の大学に行ったのも、東京を離れたかったからだ。

頭であれこれ考えていたというより、中学2年から始めた山登りの影響がかなりあった。18歳の頃は山のことしか考えておらず、長野の、京都の、北海道の大学に行ったらどんな山登りができるのか、という基準で進路を決めた。

都会より地方都市、地方都市よりもさらに田舎、田舎のさらに山奥というふうに、常に端っこへ目が向いていた。

私の友人たちがそうしているように長野や福島で半ば自給自足に近い晴耕雨読の暮らしをし、週末になれば山に行く。実にぼんやりとした空想だが、いつかそんな暮らしをしてみたいと思ったりもするのは、山登りの延長とも言える。

登山の魅力は風景や匂いが与えてくれる心地よさだけではない。その裏返しに、至る所に青山《せいざん》（墓の意）あり。死に向かう落とし穴がある。

山を登る一つの理由に死がある。何も好き好んで、あえて死に目に遭いにいくというのではない。死を感じたい、死を確かめたい、すなわち、生の確かさを実感したいといった欲望が、人の中には意識するにせよしないにせよ、備わっているのではないか。

死だけは平等である。金持ちも貧乏人も著名人も一般人も、長寿の人も早世の人もみな最後は死ぬ。父母が、祖父母が、曽祖父母がと連綿とみな死んできた。死なない人はいない。

長い登山をした直後の水難事故で友達を亡くした友人が20代の頃、こんなことを言った。

「死ぬときってよお、あれ、深夜映画を見終わって、テレビのスイッチをひねって、ブラウン管からすーっと光が消える、あの感じじゃないかな」

そんなものなのかなとうなずいたが、同時に、そんなにきれいにはいかないような気がした。その男は友人の死、そして北アルプスの屏風《びょうぶ》岩で即死した登山者を見てそう思ったらしいが、どちらかというと生き残った者の脚色のような気がする。

真実はどうなのか。死んで戻ってきた人はいないのでわからないが、死にかけた経験から察するに、「すっと」というより、もっと「ねちーっ」と時間が延びるように思う。

皆さんに、こんな経験はないだろうか。

寝入りばな、あれこれ頭の中で言葉が走っているとき。つまり考え事をしながら、ついうとうと寝てしまいそうなとき。意識を失う寸前、自分の頭の中の流れが突然スピードを上げ、まるで昔のカセットテープを早回転させたように、しかも次第次第に速くなっていき最後はどこまでも速くなり音にならないくらいになって眠りに落ちる、ということを。

私はアフリカ・ナイジェリアのラゴスからナイジェリア航空機に乗ってカメルーンに向かったとき、次第に高度を上げる機内でそれをはっきり自覚した。

アフリカの国内線ではよくあることだが、機内が低酸素状態になっていたのが影響したのかもしれない。あるいは、かなり大変な思いをした出張の帰りだったので興奮していたのだろうか。いろいろな条件が重なり、私の脳内では言語が驚くほどの加速を見せていた。

直後に目を覚ましたとき、ああ、なるほどと思った。

人は死にひんしたり、パニックに襲われたりしたとき、その短時間の中であらゆることを考え、言葉が猛スピードで脳内を駆けめぐり（実際にはネットワーク上で信号が不連続で起きるそうなので、駆けめぐるというのとは違うだろうが）、「生き残る」というただ一つの目標の下、あらゆる可能性を脳内で模擬体験する。「一瞬のこと、あるいはせいぜい1、2分のこと」と思うかもしれないが、思考が早送りのテープのように高速回転するのであれば、平常時よりも時間は明らかに「延びる」。

屏風岩から落ちた人は、「あっ」と思い、ブラウン管の光がすっと消えるように死んだのではない。墜落し、頭が岩に激突するまでの数秒間、脳内はめまぐるしく回転し、もうどうしようもないとわかっていても、最後の最後まで、例えば両手を岩に向けて激突を避けるといった動作をしたのではないだろうか。

卵が先か鶏が先かという話で、登山は何も、死に近づき、死を見つめるのが目的ではない。登山を続けていると、必然、より難しい山を目指すようになり、その途上でたまたま死に近づいてしまう。登山のレベルの高低やオリジナリティーの有無とは関係なく、死は唐突に人の前に平等に現れる。

2016年末に米国の映画監督、ジミー・チンさんにインタビューしたとき、彼も時間について似た体験を語った。

インドヒマラヤのガンゴトリ山群にある鋭峰を舞台にした山岳ドキュメンタリー「メルー」

（2015年）や、米ヨセミテの壁をザイルなしで登るクライマーを描いた「フリーソロ」（2018年）で名をなした人だ。

「死に近づくと、トゥトゥトゥトゥトゥトゥと素早く脳が回り出し、時間が遅くなったように思えた。そして、全てをとても注意深く吟味できるようになる。同じ短い時間なのに、普段とは違い何事もとても深く計算できる。すべてがスローダウンしたように思えるのはおそらく、誕生や死のときに出るという脳内の化学物質のせいだと思う」

痛みや死にそうな状態にあるとき、エンドルフィンなど脳内物質が平常時よりもかなり多く分泌されるという仮説があるが、まだ確定的な説ではない。化学物質とはそのことだろうが、チンさんもその原理、仕組みについてはわからないと認めた上でこう続けた。

「死にかけたとき、自分の人生で優先順位についての問いがいくつも出てきて、大事なのは友人と家族たち、そして上手に生きる貴重な時間、そして何事も自分の情熱（passion）に従うことだと気づいた」

そして、言葉を選びながら、ぽつりぽつりというふうに続けた。

「ほんとうに危険な状況にあると……僕はたくさんの友人を亡くしたんだけど、死に近づく、あるいは死を見つめなくてはならない状況になるのは……それはとても健全（healthy）なことだと思う。なぜって、ほとんどの人は普段、死を考えないからね。死は誰にでもやってくる避けられない経験。その死について健全な見方をするのは、とても役に立つし、その後の自分の人生での決断を左右することにもなる」

「healthy」という言葉が私にとても新鮮に響いた。というのも、それまでの私は、死にかける体験は決して褒められたことではなく、どこか後ろめたいものだと思っていた。

実際、山登り以外でも暴動に巻き込まれ袋だたきにされたり、何度か戦場や騒乱取材で危ない経験をしたことがあるが、そういうことはおいそれと話すべきではないと思っていた。戦場ルポや探検ものでもよく、現場にたどり着くまでのスリルを謎解きふうに書く人がいるが、私が書くものの大方は現場に立っているところから始まる。

戦場の前線に至るまで筆者が死ぬ思いをしていようが、読者には関係のないことで「要点だけ言え」という新聞記者の癖がすり込まれているせいもあるが、それよりも、苦労話はなんだかみっともないと思うからだ。

死に近づいたのはおおかた、自分のへまが原因で、戦場取材の場合、明らかな失敗である。戦場でジャーナリストが死ぬのは褒められたことではなく、恥ずかしいことなのだ。どれほど心意気があろうと、失敗した人なのである。

死にかけた体験は私にとっては恥ずかしいことだったが、チンさんは人間にとって貴重で健やかなことだという。

それが私には、とても新しく響いた。

「死にかけた体験をすることで、自分の時間がどれほど貴重で、どれほど価値があるかがわかる。人生に価値があるというのではなく、時間に価値があるとね。だから大事に使うようになり、ある朝目覚めたら、自分は何一つ大事なことをしてこなかった、なんて思うこともなくなる」

でも、死にかけたことなんて、すぐに忘れてしまいがちだとも言う。

「死にひんして気づいたこと、僕の場合、自分の情熱、直感を大事にしろということだけど、それをその後もいつも考えてはいるけど、ときどき忘れてしまう。だから、それを忘れないために山に行き続けているんだと思う」

そうか。死なずに済んであぁ良かったと単純に思う気持ち。その気持ちを実にすがすがしく健康的に抱えながら、改めて山に行く。それはどこか倒錯的で矛盾に満ちた行為かもしれないけれど、決して無意味ではない。年を経ることで、私は次第次第にそんなふうに思えるようになった。

13

なぜ山に？ なぜ生きる？

8000m峰の14座を初めて制覇したのは北イタリアの寒村出身のラインホルト・メスナーさんで、1986年、42歳のときに達成している。その途上、弟を遭難死させるという不幸もあったが、14座全てを酸素ボンベを使わない「無酸素」で登りきった。

私はイタリアに暮らしていたとき、知人に紹介され、たまたま話を聞く機会があった。超人と呼ばれた人だが、意外にあたりはマイルドだった。

「イタリア人はサッカーが大好きだよね。でも、選手が書いたサッカーについての本は並べてみても、ここからあの辺までしかないんだよ」と長さ5mほどの幅を示した。

「でも登山家の本は、この館（山岳博物館）に詰め込んでも余るくらいあるんだ。なんでだと思う？」とメスナーさんが私に聞いた。

「登山家がよく物を書くっていうことですか？　やはり、スポーツではない……からでは」

「そう、その通り。登山はスポーツだけど、それだけじゃない。登山は哲学なんだよ。人間の謎を探る哲学。だからいくらでも書くことがあるんだ」

それにしても、山の連中はずいぶんとまた書くものである。だからと言って、メスナーさんの言う「人間の謎を探る哲学」というのも、ずいぶん手前みそじゃないか。

黙って歩いている時間、あれこれと考えてしまう面はあるかもしれない。でも、それを言うなら、座禅も瞑想も同じではないか。マラソンはどうだろう。ウォーキングだって、囲碁将棋だって。

病室で寝たきりだって、体を一切動かさなくたって同じ哲学はできるはずだ。

山岳至上主義、登山こそが全てという狭い発想に追い込まれているんじゃないか？　と私は彼の言葉を素直に受け入れられなかったが、山の人間が物を書きたがる明快な答えを知っているわけではない。

なぜ山に登るのか。山に登る意味とは何か。単純なようでいて、この問いは実に難しい。身近な人に、「ただ気持ちいいだけじゃないの」とさらっと言われると、「ま、ま、そりゃそうだけど」となるのだが、時間がたつと同じ問いが湧いてくる。

高所登山を研究し尽くした登山家で医師の原眞さんが、以前こんなことを書いていた。

山へ登る動機はいろんな心情の複合である。自然愛、好奇心、挑戦など様々な心理が動因となって人は山へ登る。開拓精神などは、以前から、ヒマラヤ登山に関して大いに議論されてきた主題である。学生時代に本格的登山に熱中し始めた私は、少年時代から山野跋渉《ばっしょう》を好んできた習性に、何らかの説明を加えようと試みた。「何故山へ登るのか」を考える議論に朝まで熱中したものである。

（原さんの個人月刊誌『en avant：アナヴァン』2005年6月号
「登山法点検5 山登り 本性さらす 高みかな」より）

25歳年上の原さんは私の北大山岳部の先輩でもあり、1990年の冬に多発した北アルプスの遭難をめぐるインタビューをきっかけに何度かお目にかかったが、山に登る動機は聞か

ずじまいだった。

引用元が見つからないが、原さんはこんなことを書かれていたこともある。

「自分の生きる基本は登山だ。もちろん外科医としての仕事も大事だが、折々の登山が自分の人生を豊かにしてくれた。それほど好きなのかどうかは自分でもわからないが、仕事を捨てられても、登山を捨てることはできない。登るたびに考えるのは、なぜ山に登るかだが、答えはやすやすと出ない」

ここ最近、『登山のルネサンス』をはじめ原さんの著書を再読していたら、『乾いた山』という本にこんな記述があった。「コリン・ウィルソンの登山観——小説『黒い部屋』をめぐって」というエッセーだ。

〈極限状況におかれた人間の生死〉を〈哲学的に考察〉する英国の作家、コリン・ウィルソン（1931〜2013年）の小説を自分に引きつけ、原さんは持論を展開する。

ウィルソンは自由と創造の問題に正面から取り組もうとしている作家である。彼はまず人間の自由への感覚が、自由をうばい去ろうとする限界情況のなかではじめて目覚めるという、やっかいで逆説的な性格を持っていることを指摘する。

実によく詰まった、凝縮された原さんの文章を私なりに嚙み砕き、いくつかの言葉を添えてみたい。

人はよく自由、自由と口にするが、本当のところ、自由とは何なのか。それがよくわかっていない。自由を『広辞苑』で引いてみると、一番初めに「心のまま」という説明が出てくる。心のままを自由に当てはめると、例えば「自由に生きる」は「心のままに生きる」となる。つまり、自分の心に素直に、心のとおりに歩んでいくということなので、割としっくりくる。

では、原さんが言う「自由への感覚」とは何だろう。「心のままへの感覚」と訳せるが、おそらく、こういうことではないだろうか。

自由とは何かを人は知らずに生きているが、限界情況に立たされたとき初めて「ありのままの心」に触れることができるということだ。

これは何も遭難でなくてもいい。その手前でも、あるいは10代の少年少女が初めて一人、誰に会うこともなく、山を歩き通す体験でも、あるいは子供が初めて火見櫓《ひのみやぐら》に登って、空に向かって手を伸ばしてみたときでもいい気がする。

人は普段から自分と語り合っている。それでも、登山という環境に置かれると、この自問自答が際立ち、それを突き詰めていくと、他人や社会、世界にとらわれない「たった一人の自分の心」を見いだすことができる、と英国作家の小説を材に原さんは言いたかったのではないだろうか。

これと少し似た話を原さんは個人誌で書いている。

人は、日常生活の中で、自分の弱点を隠しながら、なんとか他人と折り合いをつけて、あるいはだまして暮らしている。きっかけさえあれば、弱点は露見する。露見の域値が低い者は、日常生活においても、神経症、虚言症、うつ病、躁《そう》病などにかかる。山へ登れば、人間の弱点の数々が、いくつかの基本型となって現れることを知れば、下界の人間たちを理解する助けになる。

（『en avant：アナヴァン』2005年6月号）

ここで言う、人が日常生活で隠している「自分の弱点」とは、よろいなどで隠していない「心のまま＝自由」を指しているとも言える。つまり、自由とは、自分を完全にさらけ出すことであり、それがときに人には「病」に見えることもあるということだ。

ウィルソン作品をめぐる原さんの論に戻ろう。

平安な環境の中では自由の意識も死滅するのである。そこで限界情況や危機感の研究は、彼（ウィルソン）にとって自由探求への道となる。それは一方ではセックスや殺人への興味につながり、他方においてはオカルトの点検などにも向う。彼のいう自由とは創造のことである。

※（　）内は筆者（『乾いた山』）

後段の部分は『アウトサイダー』や『純粋殺人者の世界』『オカルト』などウィルソンの著作を指している。彼はこうした材を掘り下げることで「極限状況におかれた人間」がどんな状態に陥るのかに迫った。登山に目を向けたのも同じ理由からだ。

では、原さんの言う「自由とは創造のこと」とは何だろう。自由、つまり心のままであるということは、何にも影響されず新たなことを生み出せる状態であり、死にそうな状況から抜け出すことは「創造的な行為」でもあると原さんは書き添えている。

限界情況に立ち向う人間が、そこから有効な生命力の喚起を得るためには、それに見合うだけの自己制御能力を必要としているために、意識的な自己訓練が要求されることを（ウィルソンは）力説している、と私は思う。

※（　）内は筆者（同）

このくだりをわかりやすく言えば、パニックに陥らないよう訓練を積めということだ。そこにこそ、山に登る一つの意味がある、ともとれる。

――――
彼は人生を無意味と考えるのはまちがいだという。人間が生きるためには、食物の他に目的と意味が必要なのだが、どうしたわけかそれらのものから引き離されていってしまう弱点がいまの人間にはある。人間が何故目的と意味を見失ってしまう傾向を持っているのか、その秘密を探ることがウィルソンの仕事の主題でもあるのだ。（同）
――――

この見方を裏づけるように、ウィルソンは作品の中で登山家にこんなことを語らせている。

――――
疲労困憊《こんぱい》しているときには、途方もなく大きな目的意識だけが自分を支えることが出来る。（略）人生が生きるに値するのは、意志が集中しているときだけだ（同）
――――

これらの言葉とうまくかみ合うのが、先述の映画監督、ジミー・チンさんの言葉だ。繰り返しになるが、再び書かせてもらう。

「死に近づく、あるいは死を見つめなくてはならない状況になるのは……それはとても健全(healthy)なことだと思う」と言い、その理由をこう語った。

「自分の時間の価値がわかり、大事に使うようになり、また、自分の情熱、直感を大事にするよう生きられるから」

それを忘れないために山に行き続ける。

それで、行き続けた末に死んでしまったら元も子もないが、まあいいとしよう。

原さんがウィルソンを通して説いている、人が生きる目的や意味といったものは、チンさんが言うように、ときどき忘れられてしまうものなのだ。

それをつなげれば、人が山に登るのは、自分が生きている意味を忘れないため、ということになる。

原さんはエッセーをこう結んでいる。

人間は何故山へ登るのかという問いを登山家は避けてはならないのではないか。山へ登ることの目的と意味を考えようとしない登山家は、結局のところ敗北的登山家といってよかろう。

（略）恐らく、登山における単純な記録主義の時代は去ったと考えてよかろう。登山家は、山へ登ることの、自分自身に対する意味を考えない訳にはゆかない時代を迎えているのである。（一九七四年十月）（同）

原さんの言葉はとにかく重い。

14

感情の波立ち「来いな感動」

それにしても、コロナの時代を迎えると、つい この前の2019年秋の私の山行がいかに贅沢であったか、しみじみとわかる。

雨のベースキャンプにいたとき、電子書籍で中島敦全集を読むことはあったが、基本、読まない書かない日々が続いた。すると、いろんな言葉が浮かんできた。その一つに「ヒマラヤは感動の場」というありきたりのフレーズがあった。

標高5750mのキャンプ1から初めて6550mのキャンプ2に入る日はかなりきつくなると思った私は、つらい気分を少しでも紛らわそうと、音楽を聴きながら登ろうと思い立った。

この手法はインドヒマラヤのスダルシャン・

パルバートという山に行った23歳の秋、二つ年上の先輩に教えてもらった。標高5000m台にまだ順化していなかった頃で、食料や装備を下のキャンプから荷上げする際、「音楽を聴きながら歩くと楽だよ」と彼は大事に使っていたソニーのウォークマンを貸してくれた。まだカセットテープを聴いていた時代である。聴いてみると、中にはサザンオールスターズのアルバム「NUDE MAN」（1982年7月リリース）が入っていた。

私が高校2年の年にはやった「勝手にシンドバッド」（1978年6月）や「いとしのエリー」（1979年3月）はよく知っていたが、このバンドのアルバムを聴くのはこのときが初めてだった。アルバムの中では「Oh! クラウディア」も気に入ったが、一番好きになったのは「来いなジャマイカ」という変わった曲だった。

当時はまだ珍しかったレゲエふうのリズムに加え、サビで「Under hairにちょいとピンカール／うぶ毛もラスタできめよう／その辺のスペルマじゃain't no good／ミュージシャンの方が強い」とエロチックに聞こえる歌詞に大笑いした。

群青の空の下、私はそれを何度も何度も聴くことで重荷と高山病をひととき忘れ、なかなか高度を稼げない長いプラトー、雪原を歩くことができた。体はつらいけど心は笑っているようなそのときの気分を「来いなジャマイカ」を聴くたびに思い出す。

だが、今回は現地に着くまで音楽のことをすっかり忘れていて、唯一ベースキャンプに持ち込んだのは商売道具のICレコーダーだけだった。

ないよりはましだろうと、長い斜面を登るとき、レコーダーに入ったままのインタビュー録音を聴いてみることにした。ヒマラヤに来る直前にこなしたインタビューだ。上司から「2カ月も遊んでくるんやから、2、3本は残していってもらわんとな」と言われ、ヒマラヤ前の2カ月は普段の2倍ほどの原稿を書いた。

もしかしたらダウラギリで死ぬかもしれないと思っていたのだろう。どうせ最後にインタビューできるならと、私は過去に知り合い感銘を受けた2人を、取材対象に紛れ込ませていた。「最後の最後に取材したい人」として私は作家の関川夏央《なつお》さんと社会学者の大澤真幸《まさち》さんを選んだ。

関川さんは現役の書き手の中で最も密度の濃い、良い文章を書くと私が尊敬する作家だ。大澤さんは彼の広く深い知性と、私の少しずれた感覚がうまくぶつかり合うのか、初対面のときから楽しく対話、おしゃべりができる人だった。

その2人の録音がレコーダーに残っていた。私は低酸素脳症に近い状態の中、苦しさを紛らわせるのはどちらがいいかと考え、声色が優しい大澤さんを聴くことにした。

見たことのない見事なヒマラヤ襞《ひだ》と、目がくらむほどの真っ白い雪面。胸が破裂しそうな呼吸を繰り返し、一歩一歩登りながら私は大澤さんの声を聴いていた。

それは「私だけの東京」というシリーズの取材だった。大澤さんは１９７０年代末、18歳で長野県松本市から上京した話をしている。早口で冗舌だが少し甘えたような高めの声だ。

松本深志高校から東京大学に入り、恩師となる社会学の教授、見田宗介《みたむねすけ》さんと知り合い「自分がその時一番気になることをやっていたら、気がついたら大学院に入って学者になっていたという感じなんです」と言った。そして、おもむろにこう語った。

「だから率直に言うとね、やっぱりこういうのってね、こういう（物を書く）仕事って、藤原さんもそうだろうけど、こんな感じがすんだよね。僕が率直に思うのはね、自分がやってることっていうのは、自分以外の人がやるんだったらその人に任せようっていう気持ちがあるわけ、はっきり言うと。だから自分しかやりそうもないな、とかあるよね。まあ早晩誰かがやりそうなことってていうようなことってのは、もういいっていう感じがあるわけです。ただ自分がやらなかったらきっとその部分は残って、何て言うかな、誰もやらないだろうっていう、そういう気持ちになれないと仕事ってなかなかできないですね。で、それはね、やっぱりね、東京にいないとなかなかそういう気分になりにくかったことってあると思うんです」

どういうわけか、その話を聴いていると涙が出てきた。さらさらの涙ではない。「うっ」と声を漏らす重いおえつだった。

なんてことだ。なんで泣いてるんだ。自分の涙に驚くと同時に私は「これはどうみても感涙だろう、それ以外は考えられない」と判断した。では、私はいったい何に感動したのか。

一つは、頭が切れるのに決して偉そうにしない、きっと大学生の頃と変わらない素直な大澤さんの語り口があったろう。もう一つは、あらゆる物を読んできたこの人らしく、「藤原さんもそうだろうけど」と私の仕事にも目を通してくれている事実にも打たれたのだろう。

でもそれよりも何よりも、私は彼が話す内容そのものに感動したのだ。

「自分がやらなければ誰もやらないという気持ちがなければ仕事はできない」

その言葉が私の心を動かした。

実は私も同じ思いで物を書いてきた。アフリカに暮らした体験が大きかった。アフリカを植民地にしてきた欧州諸国が流す記事を翻訳するような報道を私はできるだけ避けてきた。数々の試行錯誤の末、自分が身をもって知ったこと、学んだことを書くのが一番伝わるのではないかと思うに至った。

アフリカを離れてもこうした考えは消えず、同じテーマを他人が書いていても、それは全く別のものにすぎないと考えるようになった。ある先輩記者が「大事なのは何を書くかじゃない。誰が書くかなんや」と言っていたが、書くとは、小説であれ記事であれ、それこそ私が以前勤めていたメーカーで書いた会議録であれ、そこには書き手の意図が必ず込められる。それを独りよがりと非難する人もあるが、そもそも書くとはそういうことではないのかと私は次第に思うようになった。

大澤さんがそんな考えをより明快に語ったため、それが私の心を動かしたのだ。でもそれなら、目の前で話を聴いたときやテープ起こしをした時点で感涙してもおかしくはない。なぜ、この標高6000mの白い斜面でわざわざ泣いているのか。

おそらく、私はそのとき、大澤さんの言葉に、単に自分がしてきた仕事だけではなく、もっと大きな、普遍的な意味を見たからだろう。

約8000万年前、インド亜大陸がユーラシア大陸にぶつかり隆起したヒマラヤ山脈。その中でもいかにも硬そうな巨大なダウラギリの白い斜面で、アリのように小さな自分が一人もがいている。鳥瞰《ちょうかん》してみればとるに足らないほこりの一片のような人間が、ピークに着いたからといって、山が動くわけでも何かが変わるわけでもない。はたから見れば何の意味もない行為だ。

人間はなんて小さい生き物なんだ。なんてはかないんだ。それでも、その一片のほこりにすぎない人間が必死にはい上がり、その営みに意味を見いだそうとしている。

大澤さんの言葉に私は、むなしさすれすれの人間の性《さが》を感じ、心動かされた、のではないだろうか。

23歳のインドヒマラヤではそんなふうには思わなかった。ほぼ同じ条件の下、私は苦しい中でもへらへら笑いながら「来いなジャマイカ」を聴いていた。

ここに来ての感涙は、単に低酸素の影響だけでなく、ミッドライフ・クライシス、中、壮年期の精神の危機も絡んでいたのだろうか。

感動はこの後も上下動を繰り返しながらまだまだ続いていった。

15

7000mでのよだれ

標高5000mを超える世界はやはりまともではない。そこにちょっと行って帰ってきただけならまだしも、1カ月近くもその上で暮らしていると体のあちこちに異常をきたし、脳もおかしくなる。

私は標高6000mの長い雪面を歩きながら、インタビュー録音で社会学者の大澤真幸さんが語る「自分がやらなければ誰もやらないという気持ちがなければ仕事はできない」という言葉を聴いた途端、感涙してしまった。そんなことで泣くなんて、ちょっとどうかしている。

不思議なのは、同じように5000m以上で長いこと暮らしながら、23歳のときのヒマラヤではそれほどの感動はなかったということだ。気圧が低く、空気によって光が散乱しないため当然なのだが、「うわ、なんで空がこんなに濃いんだ」と思ったり、「あんな岩壁を下から登ったらすごいだろうなあ」と思ったりしたくらいだった。

23歳と58歳では頭の中にため込んでいる経験、特につき合ってきた人の数が圧倒的に違うのもあるのだろうか。23歳のときはまだ学生で、親元から離れて4年ほどしかたっておらず、自分の世界はまだ小さい。仲良くなった人の数も累計でせいぜい100人といったところか。それが58歳ともなれば、ざっと1000人くらいに達し、世界各地の人と出会い、さまざまな物を見てきた末だから、人間関係での記憶量、人情の機微を味わった容積は単純にみて10倍になっていると仮に考えてみよう。

脳のネットワークのどこかに、若い頃の10倍の人情記憶が収まっているわけで、今回のように「自分がやらなければ……」というフレーズが情報として脳に入ってくると、それに過去の出来事、おそらく複数の記憶が関連づけられ、感情中枢を刺激する。

年を重ねた分、人情がらみの記憶は10倍も多いわけだから、「これはあのときと同じだ」と関連づけられる割合も10倍高くなる、と単純に考えられる。

つまり、若い頃より老いた方が感涙ポイントにヒットしやすいのだ。

例えば山田洋次監督の「男はつらいよ」の太地喜和子さんが出る作品や、小津安二郎監督の「麦秋」を私は少年の頃から何度も見ている。ストーリーや細かな役者の演技まで全て頭に入っており、部分的にはセリフも暗記できている。もう何回も見たはずなのに、以前はなんとも思わなかった場面で突然涙が出たりする。これも同じ理屈だろう。

年を取り数々の人情にまみれてきたことで、インプットされたものが記憶に関連づけられやすいということだ。「男はつらいよ」では渥美清さんの微妙な表情の変化に、「麦秋」では老父が湯飲みを見つめる仕草に、自分の記憶の何かが絡むのだ。

もし、こんな作品を高所で見れば、きっとより感情を刺激することになるのだろう。

ヒマラヤから下山後、そのあたりの原理について、高所医学が専門の鹿屋《かのや》体育大学教授で登山家でもある山本正嘉医師に電話で聞いてみた。

「人間って普段は、人に見せたくない面をベールで隠しているところがありますけど、低酸素になるとそんな高度な作業が難しくなる。だから高所に行くと感情がむき出しになるし、僕も高所のベースキャンプで本を読んでいて、やっぱり悲しいところが出てくると、日本では絶対に出ないような涙がダーッと出てきたり、感情のコントロールが利かないどころか、感情がもろに外に出ました。でもベテランになるとそのへんも認識した上で上手にできますけど、初心者だとコントロールできない感じの人も多い。シェルパとちょっとしたことでけんかしちゃうとか」

今回のダウラギリでは、どのパーティーもベースキャンプで1人につき1張りのテントが与えられていた。山本さんによれば、これも「昔の経験から、高所に行くとけんかやストレスが増えるので、とにかく別々に寝るようになったんです」と言う。

山本さんの話を前提に先鋭化すれば、私たちは大人になっても子供の頃と同じように日々感動している。ただ大人だからそれを表に出さないよう抑えているにすぎない。ところが高所で低酸素になると、高度で複雑な作業の「抑え」が利かなくなり、感情がもろに出てくる。

どうも私の「経験10倍説」よりこちらの方が正しいような気もしてきた。あるいは両方の合わせ技か。よく、年を取ると人生の艱難辛苦《かんなんしんく》を経てきているので、いわゆる世間ずれ、すれっからしになっていると言われるが、実はそうではなく、本当は皆、ベールの下で傷ついたり泣いたりしているのに、さもそうでもないように装うのがうまくなってきているだけ、ということかもしれない。

私はこれに強くうなずける。というのも普段から頭の中で音楽を作ったりしている方なのだが、それがピタッとはまると「うひゃあ」という感じで踊りたくなるほどうれしくなることがある。先日も東京タワーのそばを歩いていて、子供の頃から勝手にタイトルをつけて作っている組曲「ハナナヒディカンド」の東京タワー版が一瞬でできて、それを心で歌いながら歩いていると、急にうれしくなって笑いが止まらなくなり、プリンスホテルの前にさしかかったので、あわてて笑いを抑えたことがあった。

一応、記者という仕事をしてきたし、子供もいるので、分別のありそうな大人を装ってはきたが、時々、子供の頃から変わらない感情の装置を抱えている自分に気づく。

おそらくほとんどの人がそうなのだろう。でも、それじゃあ恥ずかしいから、険しい顔をしているにすぎない。特に日本では周囲の目を厳しく感じやすいので、なおさら「抑え」が大事になる。

ダウラギリでハッと気づいたことがあった。よだれである。登っているときは平気なのだが、氷河上の亀裂、クレバスのすぐ脇や、滑ったらまずい斜面を必死の思いで下っているとき、降り始めの雨垂れのようによだれが下唇から垂れることが何度かあった。

垂れた液体は雪にしみこむか、ジャンパーの胸にかかる。「うわ、なんだ」「かっこ悪い」と一瞬思うのだが、知らず知らずのうちにまたツルッと垂れる。

私は幼い頃、よだれを垂らす癖がなかなか抜けず、幼稚園の入園面接のとき、目の前でよだれを垂らす私を見た年配の先生に「病院に診てもらったらどうですか」と言われ、母親が激高する出来事があった。この話はしばらくの間、私をからかう材料になった。

母は「まずい」と思ったのだろう。私を矯正させようと、よだれを垂らしそうになる度に、「ほらほら、アキちゃん、垂れるよー」と言い、私は慌てて、下唇から垂れかかった玉をすすり上げた。つまり、臆病と同時によだれも抱えていた私は日々の訓練を経て、小学校に上がる頃にはどうにかよだれを克服した。

山本先生の「抑え理論」はこれにも当てはまるのではないだろうか。私は元来、よだれ垂らしだったが、6歳の頃にそれを抑える制御技術を習得した。しかし、ヒマラヤの高所に行き低酸素脳になったことで、その制御が利かなくなり本来の私に戻った。そう言えなくもない。でも考えてみたら、山でよだれを垂らしながら歩いたからといって、誰に迷惑がかかるわけでもない。いいじゃないか、と私はそのとき、「抑え理論」のことは何も知らなかったが、なすがままにしていた。

それほどしんどかったのだろう。要は「アナと雪の女王」ではないが、ヒマラヤは私を自由に、ありのままの自分にし、私は何一つ気取らず、大人のふりもせず、涙もよだれも流し続けたわけだ。

帰国後はベール、大人のペルソナが利いているのか、日々よだれを垂らさずに済んでいる。

16

わびたい
ダウラ・ナイト

話はベースキャンプに入った晩に戻る。

きっと興奮していたのだろう。私はなかなか寝つけなかった。仕方がないのでテントで一人、シュラフに入ったまま、電子書籍「キンドル」を読むことにした。中島敦全集の短編をいくつか読むうち、中学の教科書にのっていた『山月記』にぶち当たった。才に恵まれず落ちぶれ、ついに人食い虎になってしまったエリート官僚の嘆きを思ったせいかどうか、突然、自己嫌悪がやってきた。

久しぶりだ。前回の大きいのが25歳の夏、中米のベリーズという国の安宿だったので、それ以来とすれば33年ぶりか。いや、その間にも中くらいのが5年に1度ほどやってくるので、平均すれば7年ぶりという勘定になる。

パターンは決まっている。自分の無用さ、ダメさ、最近の決まり文句では「人間のくず」さが嫌になるのだ。病的ということはない。頻度に差はあっても、私のように突然自己嫌悪に襲われる人は結構いるのではないか。

テントの中で、血の中の酸素濃度の目安となるSPO_2を測ると83％と悪くない。心拍数は80と高めだが、データを見る限り、この自己嫌悪は高度障害の影響だけでもなさそうだ。

ヒマラヤの高所を体験した23歳のときと、58歳の今では、感動の仕方も違ってくることはすでに書いたが、25歳のときと58歳の自己嫌悪も結構違う。

作家の原田宗典さんは20代末から30代前半まで月に35本もの締め切りを抱え、おそらく当時最も売れた書き手だった。ところが、40歳の頃ひどい自己嫌悪に陥り、そこから坂を転げるように書けなくなり休筆した。

どんな自己嫌悪だったのかとインタビューで聞くと、こう答えた。

「自己嫌悪は自己嫌悪ですよ。でも、もう病気でしたね。うつ病でした。その前からですが、いろいろ家庭の問題が出てきて、取材で海外に出るのが救いでした」

確かに、自己嫌悪はどれも大して変わらないのだろうが、私の若い頃のそれは、自分は何をやってもダメで、普通の人を10とすれば2か3くらいにしか思えない自信喪失、フィーリングスモールというあくまでも自分に限定されたものだった。ところが、58歳のそれは家族や他人を巻き込んだ、もっと人の数が膨らんだ壮大なオペラに発展していた。

私は子供3人を米国育ちの妻と主に海外駐在先で育てたため、2020年現在20代後半の長男と長女はそれぞれ南米のチリ、米国のロサンゼルスで暮らしを立てている。3番目の次男だけが東京で大学4年生である。

いずれも成人であり私の義務はもうないのだが、長男はクライマー、長女は映画監督の卵、3番目は就職しようという気配もなくギター三昧。要は誰一人として定職につこうとせず、みなバイトでしのいでいる。

「自由でいいですね。夢があって」と言ってくれる人もいるが、どうなんだろう。

私は曲がりなりにもサラリーマンを、前の旧財閥系で2年ちょい、毎日新聞で31年も続けてきた。高校生の頃、漠然と「一生遊んで暮らしたい」と考えてはいたのに、全く自分でもたまげたことだ。いくら好きな原稿書きだけをさせてもらったとはいえ、よく続けてこられたと思う。「俺ってすごい」と思う。有森裕子さんではないが、自分を褒めたい気分だ。

ところが長男などはせっかく正社員にしてもらえるというのに「会社メンになると自由がなくなって、クライミング、諦めることになるから」などと言って、あっさり断ってしまう。

全く、「利いたふうな口をきくんじゃないよ」である。

だが、よくよく考えてみると全部私が悪かったのではないかと思う。

ブラジルによく行っていた頃だから2004年のことか。日系人で石油公社ペトロブラスの総裁や鉱山大臣に上り詰めたウエキ・シゲアキさんの家に招かれたとき、日系人を差別する日本企業の話になった。そのとき、ウエキさんは、移民1世だったお父さんの話をしてくれた。

「僕ら兄弟が集まって、お父さんの牧場でみんな一緒にご飯食べたんだよ。僕は大学生だったかな。お父さん、そのとき言ったんだよ。『みんな、好きな仕事したらいいよ。何になってもいいよ。でも、日本の企業はやめた方がいいよ。差別するからね、日本の企業は』って」

ああ、この人はお父さんが大好きなんだ。後段の差別の話は忘れ、私の耳にはウエキさんが語る父の優しそうな口ぶりだけが残った。

私はすぐに影響を受ける単純な性格である。

メキシコの家に帰ると、思春期に入る頃の子供3人を前に、テキーラも入った上機嫌でこう言ったものだ。

「お前たち、大人になったら自分の一番好きなことを仕事にしたらいいよ。たとえお金にならなくてもそれが一番いいよ。でも、自分が一番好きなことを見つけるのが本当は一番難しいんだよ」

ウエキさんのお父さんからは少し逸脱したバージョンだったが、それからも何度かこれに似たことを言ってきた記憶がある。

ふたを開けてみると結局、みなそんなふうな「自由人」になってしまった。その結果、娘など定職にありつけず、カッカツの生活をしていて、いつか洗濯をしていたら、一時帰国中の彼女のボロボロに着古したシャツが出てきて、「こんな服しかないのか」とかわいそうになったことを思い出し、自己嫌悪の入り口にさしかかった。

要は、全ての害悪は俺から来ている。3人の子供たちは俺の無責任な「自由人節」に感化され、それぞれ道を踏み外してしまったわけだ。

あくまでも家族のことだからまだいいが、次には自分が関わった他人へと気持ちが向かう。私の舌禍《ぜっか》、他人の気持ちを思いやれない無神経、生来の飽きっぽさで多くの女性、男性を傷つけてきた過去がスパイラルのようにあふれ出す。

なんであのとき、なんで自分は……。

例えばがんで闘病中の知人に「人間、死ぬときは死ぬときだから」などと言ってしまい絶句されたことがあった。私の中にいつも出入りしている言葉なのだが、相手によっては鋭い刃物になる。

19歳の頃から自分を大事にしてくれた女性を、彼女が遠方に就職すると、もう会わない方がいいと勝手に思い、一方的に別れてしまったことなどもろもろ。

それをいつまでもグジグジと考えるところがまた嫌で、私はシュラフに潜り込んだまま、幾人の人間を傷つけ、迷惑をかけてきたかとその数を数え始める。

一方で、目覚めと同時にひどい多幸感、ユーフォリアに襲われることもあるのだが、このときの自己嫌悪はベースキャンプに慣れるまで2日ほど続いた。

偶然だが、最近、そんな「何もかもわびたい気持ち」に至った二つの文章に行き当たった。

一つは先ほどの原田さんの小説、『メメント・モリ』の一節だ。自殺未遂をして運び込まれた病室のついたての向こうで、重病の男が「悪かった……、悪かった」と言い続けている。

それに同調して、自分自身も「悪かった……、悪かった」といろんなものに詫びている。女房に、子供たちに、父母に、妹に、女に、私は詫びなければならないことが山ほどあった

次は、やはりインタビュー前の読み込みで一番心動かされた谷川俊太郎さんの詩の中にあった。２００９年5月、谷川さんが77歳の年に書き下ろした「臨死船」という長い詩だ。

あの世へ行くのは容易なことではないと聞いていたが／このまま この船に揺られていればいいのなら楽だ／と思ったがその気持ちがなんだか頼りない／ほんとにそう思ったのかどうかぼんやりしている／死んだからそうなったのかそれとも／気持ちなんてもともとそういうものだったのか

こんなふうに始まる独白は、「ちっとも死んだ気がしない」と言いつつも、

そう言えば生きていたときも／生きているという実感が薄かった

と続く。

子供時代に亡くした隣の家の女の子や素裸でバイオリンを弾いてくれた恋人が唐突に現れ、

最後に、

――何故ともなくそのとき／自分にはカラダだけじゃなくタマシイもあると思った――

すると、その途端にはっと生き返り、痛みが出てくる。直後の一節がこうだ。

――ああ悪いことをした／脈絡なく烈しい気持ちが竜巻のように襲ってきた／誰に何をしたのかを思い出したわけではない／ただ無性に詫びたくなった／詫びなければ死ねないのが分かった／どうすればいいのかその方法を考えなくてはと思う――

谷川さんは本当の話をしていると思った。

ダウラギリのベースキャンプのシュラフで一人、私は多くの人にわびを入れた。

おそらく、そそりたつように見える数千メートルもの岩壁に囲まれ、目のくらむようなスケールの中、藻くずにも及ばない自分の小ささを思ったからではないか。

そんな小さな人間なのに、この自然界で偉そうに存在し、存在しただけでどれほどの人間を巻き込んできたのか。

と、そんなことを考えてのことだった気もする。

ベースキャンプからは、覆いかぶさるように見えるダウラギリの北壁
=2019年10月5日、筆者撮影

17

最後の最後の諦め

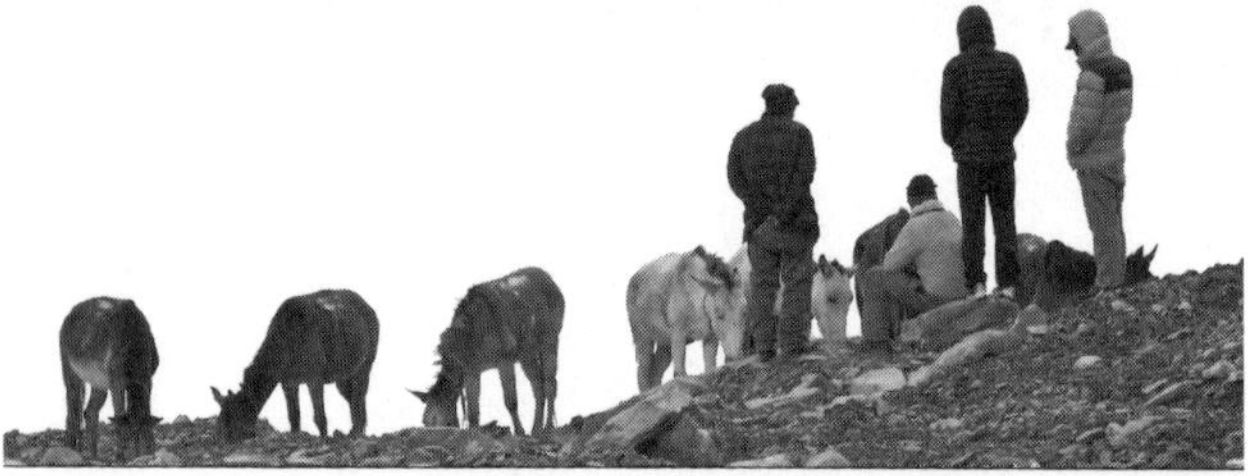

最終キャンプに入ったのは午後5時を回ったところだった。次第に雲が出てきて、雷が鳴っていた。高度計は標高7400mを指していたが、後でいろいろ調べてみると7300m前後の高さだ。

シェルパのペマさんら3人は2時間前に着き、急で硬い雪面を切り開き、2m四方ほどの狭い敷地にようやくテントを張ろうとしていた。風が結構あり、私もテントが飛ばされないよう慌ててその端をつかんだ。

ここはキャンプ3。標高4750mのベースキャンプを出て3日目にたどり着いたアタックキャンプだ。

ダウラギリの北東稜は標高5700mのあたりからまっすぐ伸びるきれいな1本の尾根にな

る。そして高くなるほど傾斜がきつくなり、最後、この7300mへの急な登りは私にとってかなりきつかった。

おまけに登っている途中で日は頂上の向こうに消え、辺りの色は薄い青から青へ、そして群青へと変わり、突然、寒さが襲ってくる。マイナス20度くらいか。

「とにかく中に、中に」。ペマさんに促され、客人に当たる相棒・齋藤明さんと私は先にテントに入った。次にペマさん、そして入り口の寒いところにもう一人のシェルパ、パッサンさんと、見習いとして参加していたビカスさんが入り口に陣取った。

5人も入ると寝転がることはできず、皆膝を抱えている。すでに午後6時を回って、辺りは暗くなり、あと1時間で出発である。事前に決めていたことだが、私たちはこの最終キャンプを午後7時、暗い中、ヘッドランプをつけて出発する予定だった。

ここから8167mの頂上まで標高差で約900m。低い日本の山なら3時間もあれば余裕で登るところだが、この高さではまともには歩けない。標高6550mのキャンプ2からこの7300mの最終キャンプまで標高差750mを登るのに、休憩も含めて9時間20分もかかっている。つまり、1時間に80mしか登れていない。

同じ高さを登るのに、私と明さんはシェルパの倍の時間はかかっている。

シェルパにしても7500mより上は別格で、彼らもいざというときのために、自分たちの酸素ボンベを準備している。パッサンさんが雑談で話していたが、彼らにとって最も恐ろしいのは、客の外国人登山者のペースが落ち、自分たちもそれに合わせてゆっくり行動しているうちに高度にやられ動けなくなることだ。

このアタックキャンプに彼らが担ぎ上げた1本6kg弱のボンベは計7本。当初、酸素ボンベは高山病で倒れたときの医療用のつもりだった。そのため、カトマンズでの打ち合わせでは1本400ドルもするボンベを6本に抑えていた。ところが、私たちの体力からして、最後は使うことになるだろうと判断し、撤退していく他のパーティーからベースキャンプで1本買い足していた。

私も明さんも標高7000m台に、ある程度は順化し、高山病の薬も飲んでいなかったが、歩くのが遅すぎた。最終キャンプに入る日、標高7100mのあたりで休んでいると、下から登ってきたペマさんが珍しくいらついていた。

「なんであんなに遅いんだ。あれじゃあ、ピークには行けないよ。テントで待っててもらうしかない」

見ると明さんはずいぶん下にいる。

明さんは日本の山で、1日12時間くらいの行動でも確実なペースでバテずに歩き通す体力がある。後にその日のことを聞いてみたら、「あれは戦略です。あえてゆっくり歩いたんです」と話していたが、ペマさんは不安だったのだろう。

「明さんは着実に登ってくるから大丈夫ですよ」。私がそう告げるとペマさんは「え?・」という顔をしたが、すぐにうなずいた。それでもしきりに指を折り、何か計算している。

この日の私と明さんは1時間に標高差で80m登っていた。これが8000mに近づけばさらに落ちる。

「15時間、15時間」

ペマさんがつぶやいている。つまり、明日、私たちが頂上まで登るのに15時間とペマさんは読んだ。最終キャンプから頂上までの標高差900mを、1時間平均で60mしか登れないということだ。

ペマさんは一時軍人となり、ネパール軍のエベレスト登頂を率い、勲章をもらうほどの人だが、口癖は「自分は教育を受けていないから」だった。高等教育を受けず10代で一族の家業、ヒマラヤ登山業界に入ったことを指しており、雑談の中で、算数や国語があまりできないという意味でよくこの言葉を言っていた。もう一人のシェルパ、パッサンさんも、シェルパ見習いのビカスさんも同じだった。

そんなペマさんが経験則から、私たちの「これまでの歩行速度」「バテ具合」「酸素濃度」などを加味し、高度差にして平均時速60mという数字をはじき出した。

妥当な数字だと思ったが、頂上まで15時間と思うと、うんざりした気分になった。とにかく、急斜面を一歩一歩歩くのが大変なのだ。

そして、8000mという未知の空間で15時間ももがいている自分を想像し、畏怖《いふ》のような、神に罰せられるような恐ろしさを感じた。15時間はあくまでも登りだ。おそらく酸素ボンベが切れた状態での下山には5時間はかかる。だとすると20時間もの行動になる。果たして自分はそれに耐えられるか。そのとき自分の脳はどうなっているのか。

「ワン・タイム・アタック、ラスト・チャンス」

ペマさんの声で我に返った。

一度きりの頂上アタックだよ、ということだ。確かに、再びベースに下り、丸々5日かけて登り返す気は彼らにはなさそうだ。仮に明さんと私にそこまでの気力が残っていても、やる気の減退した彼ら、そして、他のパーティーが去った後での続行は難しい。

最終キャンプで私は10分でもいいから寝ようと思った。手袋を替え、靴の締め具を緩めると、狭いテントで頭を膝の上に乗せ目を閉じた。

アタック開始の夜7時まであと1時間もない。不思議と皆、静かだ。興奮しているのか、そうそう眠れるものではない。しかもかなり寒い。

午後7時に出て夜通し15時間歩いて、頂上は明日の朝10時か。

頂上まではいくつもの小さなピークがあり、本当の頂上の目印は放置されているポーランド人の遺体だというが、頂上はどんなだろう。太陽がまぶしい時間だ。きっと真っ白なんだろう。そこから下山に5時間として早くて午後3時にここに戻ってくる。まだ明るいが、3時間も遅れれば暗くなる。

うとうとしていると、バッ、バタバタバタという音で目が覚めた。

風だ。突風かと思うと、今度は10秒おき、そして5秒おきと風が息をし、ときにゴーッという音とともにテントを押しつぶす。

「風だね」「風だ」

5人は同じ単語を口にした。そして出発予定時刻の午後7時になると、もはや突風ではなくなり、まるでその時間を見計らったように、ひっきりなしに吹く強風となった。

ペマさんが下のテントにいる他の4パーティーのシェルパたちと無線で何かしきりに話し

始めた。

「風が強すぎるから、出発を少し遅らせる。靴を脱いでいいよ」

何時に出るのかと聞くと、「うん、12時までは待つ、それか朝まで」とペマさんの口調は曖昧だった。明さんを見ると、放心したような顔で「しょうがないですよね、この風じゃあ」と慣れた感じだった。

私は少しきょとんとしていた。がっかりというのでもない。何か出端をくじかれたような。でも同時に腹の奥の方、下半身のあたりから、ふつふつと温かいものが湧いてくる感覚があった。緊張が緩んだのか。ほっとしたのか。ほっと。ｈｏｔ。不思議だ。日本語も英語も「ほっ」という音は強いのに温かい。そんなことを考えても、笑えない。でも、少し眠れる。眠れば疲れもとれる。体を立て直し、少しはましな状態で出発できる。

1時間に60ｍでなく70ｍというペースで登れば13時間で頂上だ。80ｍなら11時間……。

夢うつつでそんなことを考え、座ったまま眠ると、ペマさんの声で目が覚めた。

「酸素を吸え」。そう言うと、ボンベを私に差し出した。時計を見るともう深夜である。

「どうして?」

「風がやまない。出発が遅れるから、酸素でちゃんと寝た方がいい」

しかし、こんな所で吸ってしまったら、頂上に行く途上でなくなる。大丈夫なのか。そう聞くと、「出る量を少しにしてあるから大丈夫だ」とペマさんは言う。

明さんに伝えると、「うーん」と吸いたくなさそうだ。ペマさんに「吸いたくない」と伝えると、「いや。吸わないとダメだ」と強い語調になった。前日の私たちの歩きを見て、ペマさんは私たちの体力をこれ以上落としたくなかったのだろう。というのも7300mにこのまま居続けても、酸素が地上の半分以下のため、居るだけで体力も脳も消耗していくからだ。

高所登山に詳しくなければ、酸素ボンベを使おうが使うまいがどうでもいいと思う人もいるだろうが、とても大事なことなのだ。

例えば、三浦雄一郎さんは80歳でエベレストに登頂した。驚くべきことだが、彼は心臓が悪いこともあり、かなり低いところから、シェルパたちが担ぎ上げた酸素ボンベを使っている。昼も夜もほぼずっとボンベをつけっぱなしの状態でピークに上がり、途中からヘリで下山している。

14座全てを無酸素で初めて登ったイタリア人のラインホルト・メスナーさんは8000m以上の世界を「死の地帯（デスゾーン）」と呼んだ。6000mはなんとか、7000mもどうにかギリギリ慣れることはできる。しかし8000m以上という環境に人間は決して順化できない。そこの地帯に入ったら、速やかに出なければ死ぬ。やむなくそこに泊まった場合、死の危険は高まり、翌日にはすぐにでも高度を下げなければならない。そういう場所を指している。

そこで終始酸素ボンベを使ってしまえば、6000m辺りとさほど変わらない。それだって十分に大変なことではあるが、果たしてそれで「死の地帯」に行ったことになるのだろうか、と私はあくまでも頭で考えている時期があった。少なくとも自分が酸素を使うかどうかの決断を迫られるまでは。

海中で素潜りの新記録を狙うダイバー、ジャック・マイヨール(1927〜2001年)らを描いた「グラン・ブルー」(1988年)という映画がある。海の広さ、深さを恐れている私には想像もできないことだが、彼らは海面から100m以上も深いところへとロープを伝って無呼吸のまま潜っていく。とんでもないことをするもんだと思うが、今も記録を破ろうとする人たちは絶えない。

もし彼らが素潜りの途中で酸素ボンベをはめたらどうなるのか。当然、ルール違反で記録にならないだろう。もちろんボンベを使っての潜水もこれはこれで大変なことだが。

高所登山は無呼吸を競うスポーツではないし、潜りに比べれば時間もはるかに長い。比喩としてドンピシャとは言えないが、酸素を使うか使わないかは、素潜りかスキューバダイビングかの違いと考えてみるとわかりやすい。日本人でただ一人8000m峰の14座を制覇した登山家、竹内洋岳さんも8000m以上について、「素潜りで深い海に向かって潜っていくよう」とインタビューで答えている。

無呼吸にはならないが、呼吸が苦しくなり、次第次第にデスゾーンに近づく感覚は4000mを過ぎた辺りから上に行くほど如実になっていく。

酸素をめぐる私の感慨を言えば、最後の最後は、記録や人の評価などどうでもよくなる。要は自分一人と山との関係だけだ。どうしても登りたいのなら、酸素を使おうが何を使おうが登るだろう。あるいは、そこまで挑戦して意味があるのかと考えながらギリギリまで歩き、これ以上は無理だと一気に下ってくる場合もある。

そこはあくまでも個人的な事情に左右される。三浦さんのケースも含め、それを第三者がとやかく言うべきではないというのが私の結論だ。

最終キャンプ。「酸素を吸え」と言うペマさんの強い言い方と昨日のいらつきを思い出した私は自分が先に酸素を吸い、明さんに促した。私たちは弱いと見られていたし、実際問題、彼らよりは弱いのだ。

初めて酸素を吸ってみると、少し楽になった気がした。

もうずいぶん前のことだが、登山家の坂下直枝さんから聞いた話を思い出した。アフガニスタンの高峰の6400m付近でひどい高山病になり、4500mまで下ったが治まらず「もうダメだ」と思った。そのとき、たまたま居合わせたポーランド隊のテントで酸素ボンベを吸わせてもらったところ、薄暗かった視界がぱっと明るく鮮明になり、仲間とボンベを奪い合うようにして酸素を吸ったという話だった。

私の方は結構高度に順化していたのか、吸ってみても、それほどの変化も感動もなかった。

風は一向にやまず、むしろ強くなった。体を半折りにしてしばらく寝ると、夜が明けてきた。ペマさんが仲間と無線交信し、気象情報が入るベースとも連絡をとった。

「風がやまない。2、3日続くみたいだ。頂上は風速60mだって」

誰にともなくそう言った。

「どうする?」。そう問う私に、ペマさんは哀れみの目を向けた。

「もうダメだ。下りよう。少ししたら準備して、一気に下りよう」

明さんが「行ける所まで、少し行ってみるのは?」と言ったが、ペマさんは「頂上に行けない以上、何のために危ない目に遭うんだ」という反応だった。

日本の冬山ならまだしも、この強風の中、20時間も8000m前後を歩き続けることはできない。行けないのは、明らかだった。

あっけなかった。これで終わりだ。

終わっちまったよ！

私は少しほうけた気分になったが、意に反して、腹の底の方から温かいものがこみ上げてくる感覚があった。

朝、急な氷の斜面を下りながら出てきたのはこんな言葉だった。

ここを登るのにどれだけ大変な思いをしたと思ってるんだ。

でも、そうか。これで死なずに帰れる。死なずに済んだんだ。

もろ手を挙げての喜びではない。苦い喜び？　ねじれた喜悦？

でも、そもそも生き残りたいのなら、最初からこんな所に来なければいいじゃないか。バカじゃないのか。なんで、こんな所にわざわざ。

ものすごい光の中、私は喜びを抱えながらも、自分に腹を立てていた。

何をやっているんだ、お前はと。

最終キャンプ下から頂上方面を見上げる
＝2019年10月11日、筆者撮影

18

年齢という名の錯覚

ダウラギリで畏るべき登山家に会った。81歳のスペイン人、カルロス・ソリアだ。

14歳で山に魅せられ、織物職人をしながらバイクで欧州アルプスの山に通ったそうだ。その実力が認められ、30代前半で国を挙げてのヒマラヤ遠征の隊員に選ばれマナスルを目指したが、登頂はかなわなかった。

スペインで織物の仕事を続け家族を養いながらも、山から離れることはなく、51歳にして念願の8000m峰、ナンガ・パルバット（8126m）の登頂を果たした。4年後の55歳でガッシャーブルムII峰（8035m）に登頂し、60代からは銀行などのスポンサーもつき、エベレストやK2などを次々と登っていった。現在までに14座ある8000m峰のうち12座を登り切

ベースキャンプでくつろぐカルロス・ソリアさん
＝2019年10月12日、筆者撮影

り、残すはダウラギリとシシャパンマ（８０２７m）のみとなった。

60歳から８０００メートル峰を10座も登ったのは世界でこの人のほかにはおらず、この先、14座全てを登った場合、おそらく当分誰にも破られない最高齢記録となる。ダウラギリ挑戦は今回で10度目だった。

カルロスとはベースキャンプで知り合い、３週間後の最終キャンプ入りまで、ほぼ行動を共にした。身長１６０cmでやせっぽちに見えるのに、握手するとこちらの手が痛くなるほど力強く、抱擁すると筋肉質の体は鋼鉄のようだった。

登頂を断念しベースキャンプに下りた後、カルロスのテントで一度じっくりと話を聞いた。

「８０００m峰の中でもダウラギリはかなり難

しい方だ。キャンプ2から最終キャンプの3までの傾斜がものすごくきつく、キャンプ3から頂上までも長いトラバースが続く。頂上直下の地形は複雑でまた長い。人にもよるがアタックに15時間から20時間はかかり、どんなに強くてもこの時間はそれほど縮まらない。十分に高所に順応していないと登れない山なんだ。あと、この山域は中国国境に比べ雪が多く、降り方、量で難易度が大きく変わってしまう。今年は異常なほど雪が多く、条件が悪かった」

このとき、カルロスは80歳だった。私の感覚ではかなりの年寄りだが、彼は実際にとても強く、速かった。6000mから7000m台になると、さほど変わらなかったが、出だしの5000m台では私の倍近い速さで歩いていた。私の年齢、50代末など、彼から見れば若造もいいところである。

彼と話しているときはスペイン語のため、互いを「tu（君）」と呼び合う、言わばため口になるせいか、年齢による私の偏見がみるみる崩れていく。

実際私自身、年齢には今ひとつピンと来ないところがある。というのは、外見や体力だけでなく、感情、心の柔らかさ、物の見方の鋭さ、感じ、訴える力、チャーミングさといったことを考えると、年は同じでも個人差がかなり大きいからだ。

単に若々しさだけではなく、そのたたずまい、物腰の柔らかさ、親近感など、私は初対面のときから、カルロスに敬服せざるを得なかった。

今回私は鼻を手術してまでヒマラヤに臨んだが、最初から最後まで、どうしたら最適の呼吸になるのか迷い、苦しんだ。その点を聞くと、彼は「そうだよ、山に限らず、実は呼吸が一番重要なんだ」と応じた。

「呼吸は自分の歩み、歩き方に合わせるのが大事だ。自分は若いシェルパのように速くは歩けないが、彼らのようにまとめて1時間も休んだりはしない。5分から10分休んで、すぐに歩き出す。高所で体が冷えると、自分の場合、温まるのに時間がかかるからだ。うまく呼吸するためには、登っているときに常に自分の体に問い続けることだ。『どのペースが一番楽だと思う?』と自分に聞き続けるんだ。するとリズムが少しずつわかってくる」

ジョギングなどもそうだが、いかに自分の体を知っているかに尽きるということだ。疲れているときに無理をしてはいけないのだ。

日々どんなトレーニングをしているのだろう。

「私は年金生活も15年を過ぎ、基本、毎日時間だけはある。だから自転車をよくこいでいる、特に坂道をね。家の近くに標高300mと1000mの山があり、ここを自転車で登るんだ。この自転車が以前痛めた膝を鍛えてくれる。若い頃は毎週のように氷や岩を登りに行ったが、それができなくなり、今はトレーナーの友人と数時間バランスを気にしながら歩く程度だ。膝が悪いから走りはしない。自転車か歩きのトレーニングを毎朝3、4時間やって、午後はゆっくりと休む。休まないとトレーニングの効果が出ないからね。昼寝は2時間ほど。とにかく、常に自分の体が何を求めているかに聞き耳を立てることだよ」

年など関係ない。私も含めた多くの人はただ、年齢という名の錯覚に陥っているだけなんだ。カルロスを身近に感じ、私はつくづくそう思った。

彼にとっては10度目のダウラギリだったが、私たちと同じく、最終キャンプで強風に阻まれ、引き返さざるを得なかった。10度目の試みである。さぞ悔しかったろうとは思うが、淡々としていた。

「実はこの春も強風で登れなかったんだ。今回の風はそのときよりも強かったと思う。登頂できる可能性は秋の方が低いが、今回は、シェルパたちがうまく動かなかったのも失敗の一因だと思う」

カルロスらスペイン隊はシェルパを4人も雇い、私たちを含め最終キャンプにいた総勢約30人を率いるような存在だった。

「今回の失敗は全員が同時に行動したことだ。私は、シェルパと我々ゲストの登山者を1日ずらして行動させる案を考えていた。まず強いシェルパたちが先に最終キャンプに入り、翌日、外国人登山者が登ってくる形にした方がいいと言ったのだが、シェルパが受け入れず、結局同時行動になった」

彼が憂慮した通り、最終キャンプに入る際、シェルパによるラッセルに時間がかかり、着いたのはかなり遅い時刻になってしまった。強風が登頂を阻んだのは確かだが、それ以前にシェルパも含め私たちはかなり消耗していた。

「強行しようという声もあったが、私はあの風では行く気になれなかった。夕暮れにキャンプに着き、体を温める暇もないまま、あの風の中を出ていくのは狂気としか言いようがない」

彼が言うように、私たちが条件のいい状態で最終キャンプに入り、十分食料も取って、温まり、仮眠をしていたら、多少の風でもアタックを仕掛けていたかもしれない。もはや言っても仕方ないことだが、仮にそうだとしても、あの風では途中で引き返さざるを得なかっただろう。

実際、私たちの8日前、10月3日に登頂した4人の外国人と4人のシェルパは無風快晴の中でもかなり危ない状態にあった。チリ人とブラジル人のチームはアタックの途中ではぐれてしまい2人とも死にかけている。

このチリ人、ファン・パブロ・モールという32歳の男性がベースに下りてきたとき、私は彼をテントに迎え入れ、話を聞いた。

彼ひとり15時間かけて頂上に午後1時に着いたまでは良かったが、下山のルートを見失い、北壁の方へと迷い込んでしまった。そのとき、たまたま下にブラジル人のヘッドランプの光が見え、その光を頼りに彼と合流することができた。ところが、ブラジル人は高山病でその場から動けなくなっており、2人は支え合うようにして下山を始め、その夜8時に最終キャンプにたどり着いた。出来事を熱っぽく語る彼は一時的に脳をやられていたのだろう。ろれつが回らなくなり、よだれを垂らし、ときにおえつも漏らした。

ブラジル人とチリ人は「狼狽《ろうばい》」の前脚が長い「狼」と後ろ脚が長い「狽」のように2人で足りないものを補い合い、なんとか生還できた、ということだ。

彼ら二人のことはカルロスも知っており、容赦なかった。

「あの連中がやっているのは登山じゃない。登山は本来、山そのものを楽しむものであり、生の限界、ギリギリを行き来するのを楽しんではいけない。高所に強い人がこれまでいろいろと冒険をしてきたが、そういう話を雑誌で読んで自分もできると思ってはいけないんだ。あのブラジル人は結局、ひどい凍傷でこのベースからヘリで搬出された。彼らはたまたま運が良かっただけだ。偶然で生き残っただけだ」

　ダウラギリの再挑戦についてはこう話していた。

「また戻ってきたい。戻ってきたら、この周辺で15日間ほど5000m級の山に登って順化するんです。実はそれが一番楽しいんだ」

「8000m峰の14座登頂を祈っています」。別れ際、私がそう声をかけたときのカルロスの返事が粋だった。

「ありがとう。そうだね、14座全てを登り切るのも人生、でも、それが辛うじてできずに死ぬのもまた人生だよ」


　カルロスと話をした晩、ベースキャンプのテントではっと思い出した。95歳のときにインタビューした映画監督、新藤兼人（1912〜2012年）の言葉だ。

「老人だからって枯れ木が歩いているわけじゃない。性欲だってありますよ。小説家でも、かなり若い段階で、もう枯れた境地になったりして、随筆を書いたりする人がいますけど、そういう人はわびとかさびとかじゃなくて、才能がないんだと思いますね」

　なるほど、そうなのかもしれない。95歳の人の言葉だ。

19

ダウラギリ後の人生の加速度

畏《おそ》るべき登山家、81歳のカルロス・ソリアに会ったことで、老いに対する私の偏見は取り払われた。

以前、詩人のまど・みちおさんや批評家の吉本隆明さんにインタビューしたとき、好奇心や感受性を強く備えていることに驚かされたが、体力の衰えは隠せないと思った。だが、心身ともに衰えを感じさせないカルロスを知り、私は考えを改めた。

ダウラギリから下山後に交わしたメールでカルロスはこう語っている。

「60歳からでも体力は十分増強できる。大事なのは適度なトレーニングだ。自転車か、速足歩き、坂道歩きなど、自分に合った適度な運動が大事だ」

「散歩をしていて、来たことのない坂道に出くわすとうれしくなる」と言う人なので、体が登るためにできているのだろう。

そんな彼の影響か、ダウラギリ断念の後遺症か。相棒の齋藤明さんと私はベースキャンプからラバと一緒に下山し、ネパールの首都カトマンズに戻ると、日々3、4時間、長いときは6時間も7時間も郊外や町中を歩き続けた。

帰国便まで半月も時間があったので、観光でもすればいいものを、彼も私もなぜか歩いてばかりいた。人口100万、8km四方のカトマンズの街はどこでも3時間もあれば行けてしまい、ほとんどバスもタクシーも使わずに済んだ。

2019年11月半ばに帰国し、すぐに新聞の仕事に戻った私は東京でもカトマンズの延長のように暮らした。

東京23区内を移動するときは徒歩か自転車を利用するようになった。

東京の西南部にある自宅から千代田区の竹橋の新聞社まで徒歩で2時間、自転車で40分ほどだ。家から竹橋まで行き、そこから取材先の新宿や新橋、六本木へ移動して帰る場合、徒歩時間は5時間、自転車だと2時間ほどになる。

急ぎのときや雨の日は電車に乗るが、できる限り動力を使わなくなった。

新聞記者でも例えば官庁や警察などの担当になると、突発的な事件や日々の移動も多く、そんな悠長なことはできないが、私の場合はやりやすい。

私の仕事は、毎週火曜日の会議で最低3本のテーマを提案し、デスクと呼ばれる編集長クラスの同僚2人が採用の可否を決める。採用されなくても、デスクが別のテーマを提示してくれる。

テーマが決まると、締め切りまで1週間から3週間の時間が与えられ、ギリギリまで徹底的に取材する。テーマや取材対象について読み込む時間が全体の80%で、10%をテーマのさらなる絞り込みや問題提起に充て、実際のインタビューと原稿書きはそれぞれ5%といったあんばいだ。相手が映画監督や俳優の場合、本に加え映像を見ることになる。

要は、限られた時間でどれだけ相手を知るか。どれだけ相手の表現が自分にヒットしたかが問われる。このため、ほとんどの時間を読み込みに充てざるを得ない。

こうした作業を月平均3本、多いときで5本ほどこなすが、突発的な事件に巻き込まれないため、時間の調節がしやすい。

このため1日5時間も歩くこともできるわけだが、結局、読み込みには限度がないため、どうしても夜も週末も仕事をしてしまう。

それでも、ヒマラヤから戻ってからは、どういうわけか、仕事をせずに歩いているのを「もったいない」とは思わなくなった。以前は寸暇を惜しんで読み込んでいたのに、今はスローな状態が平気になっている。

かつては電車に乗っている時間も惜しんで読み続け、歩いているときもインタビューテープを聞いていた。50代のはじめまで暮らしたイタリアでは一時、寝ている間もイタリア語のラジオを聞いて勉強していて、言語の先生に「それはやり過ぎ、頭を少しは休めないと」と笑われたが、今は何も詰め込まずぼーっとしながら歩いていることが多い。

前の自分は、歩くくらいならその時間を仕事や勉強に充てていた。だが、「時間がもったいない」という、子供の頃から延々と続いていた、せこい考えが自分の中で確実に減った気がする。ぼんやりしていることをもったいないと思わなくなっているのだ。

これはいったいなんなのか。私はヒマラヤを経て少しは成熟したのだろうか。

思えば常に原稿を繰っていた。「原稿を繰る」とは、頭の中であーでもないこーでもないとこねくり回すことだが、私の場合、そうではなく、書き始めるギリギリまで資料を読み込みながら繰っていた。

屋久島で死にかけた翌春、28歳になる寸前に、私はエンジニアを辞め新聞記者になった。

現役の人よりも5年遅れで新卒入社した形だが、不思議と四つも五つも下の同期の仲間に対してライバル心はなかった。年下の先輩記者から「藤原君、警電（警察に電話すること）かけたの?」ときつく注意されたり、同じ記者クラブにいた別の新聞社の22歳の新人に「君、なかなか面白いね」などと言われると一瞬カチンときたりもしたが、すぐに慣れた。

ただ一つ。私には「いい書き手になりたい」という夢があった。そのためにはと、ひたすら本を読み、語学を学び、会える機会があれば有名無名問わず誰にでも会おうとした。

そして気づいたらそんな「詰め込み」も30年が過ぎていた。一種、強迫のように「詰め込み詰め込みちょっと出し」を繰り返してきた。

もうそんなに詰め込まなくていいよ。詰め込んでも大して変わらないよ。

誰かがそうささやいているのか、今はぼーっとしたままでいる自分に平気でいられる。

カルロスを見て焦りが消えたのだろうか。彼が言うように、何事も楽しまないと、味わわないと、と思ったのか。

あるいはカルロスは関係なく、ダウラギリの大きさが何らかの影響を与えたのか。

ヒマラヤで避けようのない大雪崩に遭い跡形もなく消えれば、誰も捜索せず、余計な費用もかからず、きれいに死ねる——とほんの一瞬たりとも思わなかったわけではない。

その底には、ミッドライフの中で、迫りくる老いを多少なりとも気にしているうつ的な自分がいたのではないかと今は思う。

そんな話を記事で書いたとき、ある先達から「定年間際なんて強調するな。65歳からが第二の青春、80歳からは第三の青春。楽しいことばかりだ」という投書をいただいた。

自分よりも一回りも下の私のようなまだ60前の「若者」が老いなどを語るのはちゃんちゃらおかしいと思っての感想だろう。でも、私は「定年間際イコール老いの入り口」という状態を書こうとしているのではない。

変化、つまり加速度を書きたいのだ。一定の速さで時間が過ぎていくのではなく、遅くなろうが速くなろうが、そこにある加速度。つまり、ヒマラヤに行くという特殊な体験、60前という年齢経験が自分自身に何らかの変化、加速あるいは減速をもたらすか、ということに興味がある。それは私への好奇心だけではない。人間の一つの代表である私自身の変化を知ることで、人間を知ることができると思うからだ。

この物語はヒマラヤの現場から、いよいよ「定年間際の男が山で考えたこと」へと移っていく。

20

ダウラギリがもたらす「晴耕雨読」

ダウラギリのために私が使った自費は200万円。原稿を書くことで少しでも取り戻したいとも思うが、新聞社の場合、いくら原稿を書いても給料は変わらない。

前身の東京日日新聞が創刊したのが1872(明治5)年だから、毎日新聞はすでに148年も続いている。日清、日露、第一次、第二次世界大戦をくぐり抜けてきた会社だから、給与体系は年功序列の日本型で、新聞原稿を100本書こうが1000本書こうが、給料は微動だにしないようにできている。

なのに、なぜ私はこの原稿を新聞に書き続けたのか。それはお金のためでも、暇つぶしでもない。

ダウラギリの「後遺症」がそうさせたのだ。

郵 便 は が き

料金受取人払郵便

麹 町 局 承 認
1763

差出有効期間
2022年1月31日
まで

切手はいりません

102-8790

209

(受取人)
東京都千代田区
九段南 1-6-17

毎日新聞出版

営業本部　営業部行

ふりがな	
お名前	
郵便番号	
ご住所	
電話番号	(　　　　)
メールアドレス	

ご購入いただきありがとうございます。

必要事項をご記入のうえ、ご投函ください。皆様からお預かりした個人情報は、小社の今後の出版活動の参考にさせていただきます。それ以外の目的で利用することはありません。

毎日新聞出版　愛読者カード

本書のタイトル「　　　　　　　　　　　　　　　　」

●この本を何でお知りになりましたか。

1. 書店店頭で　　　　2. ネット書店で

3. 広告を見て（新聞／雑誌名　　　　　　　　　　）

4. 書評を見て（新聞／雑誌名　　　　　　　　　　）

5. 人にすすめられて　　6. テレビ／ラジオで（　　　　　　）

7. その他（　　　　　　　　　　　　　　　　）

●どこでご購入されましたか。

●ご感想・ご意見など。

上記のご感想・ご意見を宣伝に使わせてくださいますか？

1. 可　　　2. 不可　　　3. 匿名なら可

職業	性別	年齢	ご協力、ありがとうございました
	男　女	歳	

あの巨峰に1カ月半もへばりついた以上、書かずにはいられない。まさに、あの畏るべき山には、それほどの魔力があると言っても過言ではないのである。

と、そんな気分で山から下り、帰国してから2カ月が過ぎたころ、ぼーっと資料を読んでいたら、「晴耕雨読」という文字が目に入った。作家、石川好さんが対談で語った言葉だった。

日本人にとって理想の生活は、晴耕雨読。それが一番落ち着くんです。

（『辛口甘口へらず口』）

その言葉はよく知っていたし、実際、こういう暮らしをしている先輩や知人は結構いる。でも、それに引きつけられたのは初めてだった。長年知っている人の横顔を見たら、突然心を引きつけられるといった感じだろうか。

そんな話を新聞社の企画会議でしたら、「何かデジタルに書いてよ」という話になり、長野県で農業をしている人のルポルタージュを書いたところ、以前から私の記事を読んでくれている東京都多摩市在住の永瀬嘉平さんから長い手紙が届いた。

先日の「晴耕雨読」（夕刊版）の記事、良かったですね。高山に登って別の人生観が生まれたのではないかと私は思います。

（2020年3月13日付の手紙）

彼は積年の読者として、ヒマラヤが私を変えたと思ったようだ。

永瀬さんの手紙は、長いこと通う新宿ゴールデン街で知り合った日本航空の国際線パイロットの話へと移っていく。

「この人は雲の上から頭を出した世界の高峰を全て登った人でした」とある。パイロットでありながら、ヒマラヤの高峰に登ったということだが、どう考えても「全て」は誇張だろう。

パイロットを辞めるときに飲み「やがてこの地球は限りある資源を使い果てて滅びるでしょう」と言って翌年、山梨県の日野春の過疎の村に入り、二度と街には出てきませんでした。（中略）もう一人、ＮＨＫに勤めていたある部長は、退社と同時に長野県の伊那谷に引きこもって、やはり二度と都会には出てきませんでした。人はあるとき突然変わるものですね。

（同）

永瀬さんとは親しくさせていただいているので、失礼を承知で言わせてもらうと、ちょっとこの文章には疑問が残る。パイロットもNHKの人も「二度と街には出てきませんでした」とあるが、単に永瀬さんが会わなかっただけではないだろうか。

人間、そんなに簡単に変わるものだろうか。高所の薄い酸素の中で1カ月半を過ごしただけで、本当に人は変わってしまうだろうか。

永瀬さん自身は今もゴールデン街に通い続けている人だが、半ば仙人のような一人暮らしをしてきたので、願望も込められている気がした。

テレビ、ラジオ、パソコン、洗濯機なしの生活、夕方6時半に床に就き、翌3時半に起床。筋トレ30分、李白や白楽天と同じ朝酒を飲み、朝風呂に入り、駅まで1時間歩いて喫茶店でコーヒーを飲み一日が始まります。バスなどは一切使わず一日平均15㎞、時々30㎞は歩いています。

（同）

と、こんな生活を続けている。

引退後、山村にこもるというのもわからないではないが、私の場合、どうだろう。

いまだ欲望は衰えず、俗人のままの私には、やはり、晴耕雨読だけで満足するような達観はそうやすやすとは訪れそうもない。

私の欲望といってもいろいろ段階がある。学生時代の山岳部の先輩で、あいさつのときに必ず「毎日が日曜、サンデー毎日の古川です」という人がいるが、あんなふうにあいさつしてみたい。そんな解放された状態で、さて何をするかとあわてずじっくり考えたい。

もちろん家族や人づき合いなど、いろいろ雑事はあるが、それは一切考えずにやりたいことを考えれば、やはりアフリカでやり残したことをやりたい。コンゴやルワンダ、そして南アフリカをきちんと把握し楽しみたい。コンゴ川を源流から河口まで下るというのも悪くない。あわよくば、何か書いてもいいだろう。

その手前に、やはり一度も行ったことのない中国を知りたいとも思う。そのためには当然、あの難しい言語を物にしなければならないので、2、3年はかかるだろう。それをすっ飛ばしてアフリカに行くかどうかが微妙なところだ。

仮に中国に行ったとして、いろいろと人脈もできるだろうから、もしかしたら、シシャパンマやチョ・オユーなど中国の8000m峰へ安く行く道が開かれるかもしれない。

それとは別に長男のいる南米チリに渡って、6000m級の山を登り続けるというのもいいかもしれない。南米と言えば、コロンビアという土地を掘り込みたいという願いも中断したままだった。欲望を言い出したらきりがない。

つまり、この先、まっさらになった状態で自分の前に現れそうな新しいステージの中の一つとして、「晴耕雨読」があるかもしれないということだ。

〈北千住駅のプラットホーム〉で始まる歌手あいみょんの「ハルノヒ」ではないが、〈どんな未来がこちらを覗いてるかな〉という意味での「私の未来」の一つなのだ。

でも、本当に自分の深奥に下りていって、「お前は本当にそんなことをやりたいのか」「ただの逃げではないか」「アフリカや中国に幻想を抱いているだけではないか」「本当にお前はお前自身の欲望が、いや、お前自身のことがわかっているのか」と問い詰めていけば、いくつか挙げた未来像も不確かなものになっていく。

いずれにしても、「いい気なもんだ」「お気楽野郎」「金はどうするんだ」という声がどこから聞こえてくる。まあ、どの道、どうにかなるだろうと思うしかない。

そんなふうに思えるようになったということ自体が一つの変化、ダウラギリのお陰という気もする。若干だが、私はダウラギリで変わったのだ。

21

切っ先の切っ先で知る「老い」

ネパールから帰国した2019年末、年配の女性作家に久しぶりに会った。バーのカウンター席で話しているうちに、彼女は自分の原稿について語り出した。

「まあ、もうそろそろって感じね。集中力がねえ……。集中力じたいは衰えていないんだけど、それが、長時間続かないのよね」

そんなに気にしているというふうではない。でも長いこと書いてきた人なので、頭の片隅でそろそろ作家業をやめてもいい、くらいには思っているようだ。

かれこれ10年余りも前、彼女がまだ70代になったばかりの頃、出版社に渡す前のコラムを見せてくれたことがあった。私が読み終えるのをじっと見ていた彼女は真顔で、少し不安そうにこう聞いた。

「ねえ、私、筆力、落ちてない？」

筆力とは書きっぷり、書く能力のことだ。

「全然。いい原稿ですよ。面白いですよ」

私は一応はそう答えたが、彼女の作品を読み込んできた熱心な読者ではない。だから、過去に比べ鋭さがなくなった、といった細かな指摘はそもそもできなかった。ただ、わかったのは、多くの仕事をしてきた大作家でさえ、書き上げたばかりの原稿には自信が持てないということだ。ピンでもキリでも、ものを書く人は常に不安なのだ。

私が好きな作家、関川夏央さんが「自己評価ってのが実は一番難しいからね」とずいぶん前に話していた。その言葉が耳から離れないのは、私自身、その後、何度となくそう思ってきたからだろう。

私に原稿を見せた作家は普段、何が起きても平気の平左という顔をしているが、自分の衰えを少しは気にしていたのか。珍しくほんの少し恥ずかしげに、「筆力、落ちてない？」と私に聞いた。私がどう答えるかは明らかなのに、問いをぶつけてみたかったのだ。確認がほしかったのだ。

それから時間は一周し、彼女は今度は「集中力」の話をした。集中力そのものは衰えない。でもそれが続かないと。全くその通りだ。それは二回り下の私にもわかる。

原稿に限らず、読書にしても人との対話にしても集中力は変わらないし、むしろ前よりも強くなっていると思えることもあるが、長く続けるのは難しい。特に今のような時代は、ネットで何かと情報が入ってくるし、必要のなかったソーシャルメディアもあり、じっくりと原稿に取りかかれないということはある。でも、問題は原稿書きといった仕事のことではない。

もっとはっきりした形で年とともに集中力が続かなくなっている。私の場合、山登りの現場でそれが顕著に表れる。体力、大丈夫、心肺、衰えなし。でも、集中力、あるいは緊張が続かない。日本のような高齢社会にいると60前の私などまだ「若者気分」でいられるが、ちょっとした瞬間に衰えを感じる。

そういえば、赤瀬川原平さんが老いによる衰えを前向きにとらえる言葉「老人力」を使いだしたのは60歳の年だった。面白おかしく書いてはいたが、とても繊細な人なので、きっと心身ともいろいろな変化に気づいたのだろう。

2019年4月、シーズン初の沢登りで私は丹沢のボウズクリの沢というところに少し年下の仲間と行った。

まだコケの上での足の滑り具合になじんでいない季節なので、いつも以上に気を引き締め、枯れ葉で覆われた谷を登っていった。いくつかの小さな滝を越えた後、少し手ごわい2段10mの滝をザイルなしで直登すると、しばらくぶりの緊張で脳内が一気にリフレッシュされたような爽快さがあった。新芽が青空に映え、気持ちよく沢を登っていくと、上流部に2段11mのとても登れそうにない滝が現れた。

ガイドブック『東京起点 沢登りルート120』（山と溪谷社）では、この滝は登れず、沢の右岸、下から見て左側の斜面を登れと書いてあるが、どう見ても左岸の方が登りやすそうなので、私たちはそちらに取りついた。

泥の上に草が生えている斜面を高さにして15mほど登ると、傾斜が急になった。そこに直径15cmほどの太い幹があったため、私はそれを両手でつかみ一気に足を上げようとした。その瞬間、幹は根元から抜け、私はシュルシュルッと滑落した。

バンザイの姿勢で腹ばいで落ちながらも、運良く左手にあったちょうど一握りほどの木をつかみ、それにぶら下がる形で止まることができた。

滑落した距離は3mほどだが、そのまま落ちていれば、さらに谷底の岩盤まで10mは落ち、死ぬことはなくとも大けがをしていた可能性はある。

滑落中に左手で木をつかむことができたのは幸運以外の何物でもなく、また、左手の握力だけで体重と荷物を支え、サルのようにぶら下がることができたのも「火事場のばか力」としか思えなかった。

なぜ滑落したのか。

一つには、周辺にあった木が丈夫だったので安心し、いかにも手ごろな感じの太い幹に体を預けた不注意がある。通常なら、木が抜けてしまうことも考えに入れ、左右のどちらかの足は安定させておくところだが、そのときの私はそれを怠った。

なぜ怠ったのか。

一瞬、緊張が緩んだのだ。前半は、久しぶりに沢登りをする仲間を引っ張っていく形で前を歩き、滝をノーザイルで登ったが、最後の最後の滝を前に緊張、あるいは集中力が鈍ったようだ。その結果、「一本の木に全身を預ける」という普段なら決してしない過ちを犯した。

「魔が差した」と言いたいところだが、そうではない。中断をはさんだものの、16歳からこの方、沢登りをしてきた私は、このような「草つき」（草の生えた急な斜面）で滑落したことは一度もなかった。500本の沢のたった1本の出来事だった。

もちろんそれ以外の事故、第11章で書いた屋久島での宙吊りや20歳の年に集中した雪渓の滑落はあるが、滝の脇を登る「高巻き」で落ちたことはなかった。

ヒマラヤに行こうとしている私に魔物が冷水を浴びせたというのでもないだろう。やはり衰えた、老いたのだ、と思わざるを得なかった。

決定的だったのは、それから1カ月が過ぎた5月の末、奥秩父の豆焼沢《まめやき》で起きた。ヒヤッとする出来事だ。

滝を登り、滝の落ち口、つまり、水が一気に落下を始める地点に立ったとき、その先の安全地帯へと足を伸ばしかけたところで、流れの中に置いた足が滑り、その場で四つんばいに倒れ込んでしまった。水の流れの勢いで体はじわじわ下がり始め、私は慌てて膝や両腕を水の中の岩に密着させ、ようやく落ちずに済んだ。

もし流されていたら、落ち口からそのまま高さ7mほどの滝を落下していた。下で仲間がザイルで確保していたが、横幅のある滝だったため、落下と同時に私の体は振り子のように横に振られ、岩に激突していたかもしれない。

このときはっきりとわかった。

沢登りで最も大事な瞬間、滝を登り終わり「ああ、終わった」と思ったその瞬間、緊張が抜けたのだ。

かつてならそんなことはなかった。その年はヒマラヤを控えていたこともあり、単独行も含め14本の沢を登り、そのうち2本で私は事故寸前のことをしている。

危ないじゃないか。

なんとか滝を登り切り、後続の仲間をザイルで支えながらも、私は「これは老いじゃないか」と思い始めた。すると、ほんの一瞬だが、うろたえたような、居場所を失ったような、落ち着きのない男になっていた。

滝を登らずに、ヤブの中を抜ける別のルートを通って先回りしていた仲間が滝の上にいた私の様子に気づき「なんかあたふたしてるな、青い顔してるぞ」と言った。

私は普段、老いをあまり感じない。原稿書きでも家事でも、「自分は30、40代の頃と変わらないじゃないか」と思うこともある。タニタの体重計でも「44歳」だ。

ハイキングや山スキー、たまにやる岩登りでも、さほどの衰えは感じない。でも、それは自分で自分をだましてきただけではないか。無理に若さを保つふりをしているだけなのかもしれない。総合的な技術と緻密さ、常に緊張を強いられるジャンル、沢登りには、ごまかしが利かないのだ。

スペインの登山家、カルロス・ソリアが言ったように、「60代からでも適度なトレーニングで心肺機能は十分に伸びる」。しかし、集中力はどうだろう。

あの作家が言ったように、集中力は落ちない。でも、年を重ねていくと集中力が続かなくなるのだ。

ヒマラヤの8000m峰で私が試みたようなノーマルルートはよく「ハイ・アルティチュード・ハイキング（高所ハイキング）」と呼ばれる。難しさは高度順化だけであり、あとは歩くだけのハイキングのようなものだと。

ダウラギリの場合、雪崩や落石、滑落の危険が大きいため、ハイキングというのは言い過ぎだが、沢登りのような細やかさ、長時間の集中力は強いられない。

「ねえ、私、筆力落ちた？」というふうに、山仲間に「なあ、俺って集中力落ちた？」と聞いてみても、答えはないだろう。

自分で知るしかない。

山登りとは何につけ、自分を知るための行為なのだ。

自分を知る。簡単なようでいてこれが実に難しい。

22

こんにちは好奇心、さようならお金の心配

ヒマラヤから帰って、あれっと思うことがあった。

仕事を再開すると、どういうわけか人の言葉が、人の気持ちが自分の中にごく素直にするする入ってくる。まるで子供の頃、いや20代の頃に戻ったみたいだ。

あの頃、同級生や後輩と当時できたばかりの「デニーズ」や「すかいらーく」といったファミリーレストランで、コーヒーを何杯もおかわりして、夜の9時から午前2時くらいまで、たばこを吸いながらずっとおしゃべりしていた。

そういう人とはそれっきりだし、仮に会ってみても、あの頃のように、おしゃべりが尽きないなんてことはもうないだろう。それはわかっている。

若い頃って、特に好きだったり、気が合うわけでもないのに、たわいのない話でいつまでも一緒にいられたのは、単に暇だったからだけじゃなく、一種、人懐っこさみたいなものが強い年代だったからじゃないだろうか。

それを愛着や親近感と言うと少し堅い。

英語ならアフェクションとかシンパシーという感じだろうか。スペイン語のシンパティコ(女性ならシンパティカ)という言葉がピタッとくる感情だ。

シンパティコというと、英語のシンパシーに引っ張られ「親しみやすい」と思われがちだが、小学館の『西和中辞典』で真っ先に出てくるのは「感じのいい、好感のもてる、気持ちいい」という形容詞だ。次の意味として「親切な、好意的な」が挙げられ、「(解剖学用語として)交感神経の」「(音楽用語として)共鳴する」がつづく。

「あなたってシンパティコね」というのはただ「愛想がいいね」といった褒め言葉でもあるが、ときに「好き」ほどあからさまではない一種の口説き文句にもなる。

若さゆえに身にまとっていた、あの人懐っこさはこれを少ししっとりさせた感じだ。

男女に限らず、友人知人と時間を忘れるほどずっと一緒にいられたのは、あらゆる人と共鳴し合う「シンパティコな感覚」をあふれるほど備えていたから、という気がする。

おしゃべりは言葉のキャッチボールだが、もしかしたら、言葉さえいらなかったのかもしれない。

25歳で初めてメキシコに入っていったとき、全然、言葉がわからなかったのに、バスで隣り合わせた若者に誘われ、彼と彼の恋人と3人でまる一日を過ごした。首都では食堂で知り合った年配男性のアパートに招かれ、翌日にはバスで隣町まで送ってもらった。言葉がほとんど通じないのに、共に過ごすだけで楽しかった。もしかしたら、言葉を流ちょうに使えなかったからこその親和力だったのかもしれない。

そんな人懐っこさはどこから来るのか。やはり相手に対する好奇心だ。相手がどんな人だろうといった全般的なことだけではなく、相手が今、何を思っているのか、何を感じているのかといったことだ。

恋をしていればそれは当たり前のことだが、そうでなくても、別段性愛の相手でなくても、同じように相手に興味を持ち、相手の気持ちを感じ、その気持ちが自分の中にするする入ってくる。当たっているかどうかは別にして。

若い頃は心が満たされていない、あるいは脳内ネットワークのつながりもまだ密度が薄い分、こうした好奇心から発した人懐っこさで、人間を理解し学習する。だが、長じてあらゆるデータが蓄積されるにつれ、好奇心は落ちていく。

すると表情も次第に能面のようになり、しわも深まり、険しい、怒ったような顔になっていく。街で出会った人からも「シンパティコね」と言ってもらえなくなる。

J・M・クッツェーの『恥辱』にこんな表現がある。

ある日、すべてが終わりを告げた。なんの前ぶれもなく、その〝力〟が失せた。いつも視線に応えてくれた目は彼を素通りし、行き過ぎ、過ぎ行きた。いうなれば、ひと晩で幽霊になってしまったのだ。

これは、それまで相手に不自由しなかった主人公が50代になったある日、相手を引きつける〝磁力〟を突然失ったというくだりだ。

あくまでも性的な魅力についての話で、題名通り、主人公はこれを境に恥辱にまみれた後半生へと落ちていく。

私の言う人懐っこさは、ときにそれが性愛方面につながることもあるが、それに限った話ではなく、もっと広範囲の人間関係を指す。

ギリシャの映画監督、故テオ・アンゲロプロスが言う通り、未来を決めるのも何もかも、「人間関係こそが全ての基本」(『資本主義の「終わりの始まり」』)だとすれば、実はこのシンパティコ、人懐っこさはとても大事なものなのである。

ヒマラヤの高所では、脳細胞の多くが死滅する。まだまだ研究は発達段階であり、いずれも仮説の域を出ないが、入山前と下山後の登山者の脳をＭＲＩで比べてみると、程度の差はあれ大半の人に脳損傷が起きている。中には高所に強い人ほどダメージが大きかったという論文もある。

損傷というと聞こえが悪いが、これを脳の刷新、再起動、リセットと前向きにとらえてみたらどうだろう。眠りで海馬の短期記憶が整理されると言われるように、低酸素による脳の刷新で、好奇心をつかさどる部位が生まれ変わり、人懐っこさがよみがえる。その結果、人の気持ちが自分の中へ素直に入ってくるような感じを覚える、という見方だ。

ヒマラヤから帰国して早々、作家、石川好さんとのインタビューでこの人に興味を抱いた。私は若い頃、長く話をしていると、男女関わりなくその人のことを好きになってしまう傾向があった。単なる恋愛対象としてではなく、その人に興味を抱くということだ。

それに似た感じで、私は石川さんにひかれた。伊豆大島の漁師の家に生まれた彼は、米国で農民になった兄を頼ってカリフォルニアに渡り、そのときの体験をノンフィクション作品『ストロベリー・ロード』として発表し、大宅壮一ノンフィクション賞を受賞した。

私が20代の頃はよく「朝まで生テレビ！」に登場し、大声を上げる大島渚氏や舛添要一氏を相手に、穏やかながらとうとうと語り聞かせるように話し、私にはとてもいい印象を残した。その後、参院選に立候補し落選した話まではなんとなく知っていたが、自分の記憶からはすっかり消え失せていた。

２０１９年11月半ばに帰国し、読者の方々の手紙を見ていたら、「対談してほしい相手」として何人かの著名人が挙げられ、その中の一人として「『新堕落論』の石川好」とあった。

早速、彼の著作を読み漁り、インタビューを申し込むと快諾してもらえ、「この国はどこへ」という記事にまとめることができた。本来なら仕事はそこまでだが、原稿を気に入ってくれた石川さんから「食事でも」と誘われ話を聞くうちに、彼が50代ではまったという中国に興味が湧いてきた。

目移りもいいところだし、おそらくすぐに飽きるに違いないが、中国がぐっと浮上してきた。難しさに絶望的になりながらも、私は中国語に興味を持ち始めている。

この感覚は、「デニーズ」でしゃべり続けた20歳の頃の自分に近い。ちょっとしたきっかけで、興味があらゆる方へと飛んでいくのだ。ぎゅうぎゅうつまって、新しいことが入る余地のなかった脳がスポンジのようになって、何でもかんでもどんどん入ってくる感じ、とでも言おうか。

同時に、お金の心配も薄らいでいる。考えてみれば、私は40代まで、お金のことを考えたことはほとんどなかった。海外にいたあるとき、インターナショナルスクールに通う子供の学費で家計が大変になっていることに気づき、妻は私以上に無頓着なので、一度エクセルでシミュレーションをしたことがあった。

その結果、本職の新聞記者の給与だけではほどなく自己破産することがわかり、雑誌やウエブマガジンの原稿書きから本の執筆まで、積極的に引き受けるようになった。何よりも子供の学費を考えてのことだった。

ところが、ここに来て、そうした家計の心配がずいぶんしぼんできた。

3人の20代の子供は誰一人定職についていないが、一応、なんとか私に依存せずにしのいでいる。彼らが破産、事故、あるいは自堕落の末のホーボー(渡り鳥労働者)になった場合、多少の出費がかさむだろうが、そのときはそのときに考えればいい。

70代前半の先輩がまだ編集のアルバイトを続けているので、「なぜ？」と聞いてみたら、「だって、おまんま食えないじゃないの」と即答した。

本当だろうか。最終的には生活保護があり、餓死はしないと思うが、どうだろう。多くの人は一応は餓死はしないとわかっていても、漠然と今の暮らしからの転落を恐れ、ひたすら働き続ける。そんな例もあるのではないだろうか。

やはり70歳過ぎまで働いていた別の先輩は「多少でも安定収入がないと、人間しょぼくれてくるよ」とアドバイスをくれた。「そんなもんですかねえ」と応じると、「学生時代の仲間と会うとね、もう、やれお金がない、あれが高い、年金が少ない、もっと安い店にしようと、もう金の話しかしなくて、会うのも嫌になっちゃうんだよ。金と病気の話ばっかりで」

うう……、この「しょぼくれる」という言葉が響く。

着たきりの薄汚れたしまのシャツに、裾のすり切れた黒いジーンズをはいて、かつての同僚や友人を訪ねていく私が見える。

「なんかないかなあ、なんでもいいんだけど、仕事……、いや、書く仕事じゃなくて、なんでもいいんだよ」「ちょっと1本、貸してくんないかなあ。1本でいいから。すぐ返すからさあ。じゃあ、5000円でいい、5000円でいいから」

どうだろう。そんなふうにしょぼくれる日が来るだろうか。

「お金か。そういえば最近はお金を見てないなあ」

タンザニアで泊めてもらった農家の気のいいオヤジさんが、笑いながら言っていた言葉が脈絡もなく私の頭の中でリフレインしている。

そう言えば、10年ほど前、ローマでジュゼッペ・デ・リタさんという名の当時77歳の評論家と世代について話をしたことがあった。

「しょぼくれる」という言葉を聞くと、どういうわけか、それとは正反対のテカテカした彼のだるま顔と、やや大仰な言葉が浮かんでくる。

「得する世代、損する世代？　ばからしい。じゃあ、俺はなんなんだ。おそらくそれなりの年金をもらえる最後の世代で、まあ得をするかもしれない。だが、俺はそんなふうには考えない。養わなくちゃならない親たちは長生きで、介護が大変で、子供たちはどうだ？　誰一人働かないし、まともな職にありつけやしない。孫も同じくだ。俺の年金でギリギリ3世代が暮らしているんだよ。どの世代が得したもなにもないだろう、え？」

以前、怒鳴り声が運転手に録音され話題になった豊田真由子元議員の声、「違うだろー！」

ではないが、「何とかなるだろー!」という楽観が私の普段のルーティン、基本感覚になっている。

やはり、ヒマラヤから下りてきたからこそと思えてならない。

好奇心と楽観。若い頃ならではの特徴が戻ってきたようだが、では、情熱はどうだろう。この情熱、パッションは果たしていつまで続くのだろうか。

23

情熱か達観か究極の選択、比較の奴隷

諦観、達観という言葉を憧れのように使った時期があった。自分が今よりも若かったからだ。あるいはその頃、人間関係などでいろいろとしんどかったのかもしれない。年を取れば多少なりとも楽になれるのではないか、という幻想をいだいていた。

「きょうもあつうなるぞお」。小津安二郎監督の映画「東京物語」で老いた男（笠智衆）が妻を失った翌朝、ひとり日の出を見て、何事もなかったように嫁（原節子）に言葉をかけるあの感じ。まさに、理想的な姿だが、果たしてあんなふうにきれいに枯れることができるのか。

鴨長明の『方丈記』や西行などを題材に「老いの境地」を説く作家たちにインタビューしたことがあるが、見た感じは全然、そんなふうに見えない人ばかりだった。「とっつぁん坊や」とでもいうのか、エゴの強い若者がそのまま年を重ねただけという外見に加え、その手の「達観本」を毎年のように精力的に量産しているところなど、なんだか清少納言が『枕草子』で章をさく、「すさまじき（興ざめな）もの」という感じなのだ。

ヒマラヤに行ってから、自分が素直になり、若い頃のようにいろいろなことに興味が向くようになったと書いたが、達観については特段の変化はない。

私はローマで暮らしていた40代の末、イタリア人ジャーナリストでアジア各地の特派員を続けてきたティツィアーノ・テルツァーニのことを知り、あれこれと調べたことがあった。アジアで特派員をしていたとき、中国人の占い師に「あなたは93年に飛行機事故に遭うだろう」と言われ、1年間、すべて陸路でアジア各地を回り、それを本にしてしまった人で、泰然とした風貌にも魅力があった。そんな彼が晩年の7年間、俗世間から離れ、ヒマラヤの奥地の寺院で過ごし、がんを患っても一切の治療を拒否し、静かに死んでいった。

ヒマラヤに行くことで、私自身も彼のように、少しは「悟りの境地」に近づけるかもしれないと、ほのかな期待を寄せていたが、そんなふうにはならなかった。

そんなこんなで帰国した直後、こちらが求めたわけではないのに、達観について話してくれる人が現れた。

コロナの騒ぎが始まる前の2020年の1月末、長野市の友人で詩人の浜田順二さんを訪ねた。晩、居合わせた69歳の小山芳一さんが何気なく、こう語り出した。

「最近は一切の比較対象から下りる、というふうになりました」

小山さんは40代のときに脱サラし、妻と二人で長野市内で喫茶店を始めた。妻が料理をつくり、小山さんが凝ったコーヒーを出すのが評判となり、店は年を追うごとに繁盛していったが、妻が長時間働くのがきつくなり、67歳で店を閉じた。

小山さんはその5年前、62歳の頃から、檀家《だんか》をしている市内のお寺を大事に思う気持ちが湧き、そこで厠《かわや》から廊下までをピカピカに磨く作業を始めた。そんな修行のような日々が効いたのか、少しずつ、自分の意識が変わっていった。

「店をやっていたときは、他の店との比較とか、たとえば『あの店はコーヒーがおいしい』と言われると、実際にそこに行きはしないけど、あれこれと気にして、もやもやしている自分が常にいました」

店を始める前は、小学校から大学までの科学実験の教材を売る営業マンだった。ノルマが結構きつく、いつも競争し、人と自分を比べていたそうだ。

「でも、お寺や自然の中にいて、なんて言うのかなあ、ふっと、『比較されることもなく、比較することもせずに生きていこう』と思えたんです。そしたらすごく楽になりました。62、3の頃です」

「お坊さんに何か言われたんですか」と私が聞くと、私のあまりに単純な受け止め方をおかしく思ったのか「ははっ」と声を上げて笑い、「いや、そうではないし、悟りを開いたというのでもなく、少しずつそうなっていったんです」と言った。

小山さんは私の10歳ほど上だが、穏やかで、満たされたようないい顔をしている。言われてみれば、「ある域に達した人」と言えなくもない。私は穏やかで落ち着いた感じの彼がうらやましくなった。

というのも、自分がまさに「比較の奴隷」だと思うからだ。

人と自分を比べるのはいつ頃始まったのか。かなり幼い頃からだ。

私は2歳上の兄がいる次男なので、小さい頃から何もかもが2番だった。

東京の巣鴨にいた父方の親戚がよくおもちゃをくれたが、三越の包装紙に包まれた箱をもらうとき、私はいつも緊張していた。興奮もしているが、中身を見てがっかりするのではないかと恐れていた。

というのも十中八九、兄のおもちゃに比べ、自分のものは2割方小ぶりだったからだ。例えば銀色の拳銃も、兄のは銃口が二つある二連式なのに、自分のは単式の普通のコルトだった。よくよく見ればコルトの方が重量感もあり渋い感じで飽きもこないのだが、私は大きさにとらわれていた。

兄が交通事故に遭い入院したときは、いろいろなおもちゃをもらい、自分も車にはねられたいと思ったが、そのときにもらった大きなブリキの自動車も、兄のは黒塗りのキャデラックで、自分のは10cm短い赤のムスタングだった。

うれしいことはうれしいのだが、ふと気づくと、私は自分のものを抱えながら、兄の方のおもちゃをじっと見ていた。

「三つ子の魂百まで」というが、物心ついたころから羨望《せんぼう》癖、比較癖がついた私はなかなか、そこから抜けきれない。

つまり大人になりきれない。例えば、記者になってからも、記事や本がものすごく注目を集めている人や、賞をとり脚光を浴びている知人を目にすると、手放しで喜べない自分に気づき、ひどく反省する。それに絡んだ嫌な夢をみたりする。

どこかで彼ら、彼女らと自分を比較しているのだろう。

ところが面白いもので、格段に上手な人にはそうならない。例えば、私が心底この人はうまいと思っている作家、関川夏央さん（よく登場するが）や複数いる同僚の記者の場合、むしろ、もっと読まれるべきだと思い、自分と比べたり、卑屈になったりはしない。ごくごくシンプルに、自分もあんなふうにうまくなりたいと思うだけだ。

幼い頃、私は兄が大好きだった。おそらく人生の中で一番好きだったろう。いつも兄の顔を見て、兄のすることを少し低い位置からうかがっていた。兄をうらやんだり、自分と比べ、卑屈になったりしたわけではない。

すでに3歳の頃にはっきりとあった羨望や嫉妬は兄に対してではなかった。不愉快な感情は、親戚、よその人からの評価に向けられたものだったと、今にして思う。

背丈もさほど違わない子供なのに、どうして兄が１００で自分は80なのか。その不当、不正義に私は憤っていたのだ。

兄が悪いのではない。悪いのは兄と私を差別する社会だと。

そんな言葉で考えたわけではないが、ものをもらうときの私の緊張は、そこから来ていた気がする。

考えてみたら、親戚の人たちは明治生まれだ。本来なら贈り物は長男にだけで、次男以下は何ももらえない時代に生きた人たちである。2割方小さな物でも次男にまで贈り物をするというのは、「戦後日本の新たなやり方」として彼らなりに気を使ってのことだったとは思う。

でも、そんな時代状況を知らない私は、世の中は正当な評価をくだしていない、という思いにさいなまれる癖を身につけていった。

そうこうするうちに5歳になった年の秋、妹が生まれた。両親にとって待望の女の子だった。昭和41年の時代状況とともに、我が家には次第に家電も増え、家庭自体が一気に明るさをました時期でもあり、私もうれしかった。

ひな人形からおもちゃまで、妹が買ってもらう物を大事に扱いながらもまずは自分で試さずにはいられない衝動を抑えながら、次第次第に、家族の中で自分への注目が薄らぐのを感じていた。そして、「ミドルチャイルド」としての役割に気づき、自分をわきまえるようになっていった。

どういうわけか雨の日に家の裏木戸の脇に一人いて、雨だれをずっと見ていたことや、家の前の小さなドブのコケやシダ類をいつまでも見ていたことが後々まで鮮明な記憶として残っている。そして、中雛《びな》からハツカネズミ、カメ、カエルまであらゆる小さな動物を飼い始め、彼らに自分の気持ちを仮託したのか、動物が何を思っているのかがわかるような錯覚を日々抱いていた。

端から見れば何不自由なく育てられている。それでも、今振り返れば、家庭という小さな空間が世界のすべてである幼い子供にとって、同等に扱われるかどうか、親に注目されるかどうかが生きる上での大きな支えになる。そこに一片であっても欠けたところがあれば、少しでも足りないと思えば、その子供はそれなりの孤独を抱える。

孤独が観察眼を強めると同時に、甘え、他者への期待を膨らませた面もあったはずだし、同時に、動物など弱き者、小さな者、排除される者への愛着を募らせ、その動物たちに、自分と同じ孤独を見ていたのかもしれない。

私は長じてそれに気づいたからまだいいが、気づかないと、必要もなく他者を恨んだり、さげすんだりする、いわゆる他罰的な人になっていたことだろう。

宗教学者の山折哲雄さんにインタビューしたとき、戦後生まれの日本人について、「比較地獄」「嫉妬地獄」という言葉を使って語っていた。

「個性個性とさけぶ一方、平等幻想があるから、団塊の世代以降はとにかく比較が好きな人たちです。日常生活でもたえず人と自分を比べる。飛び抜けた人間ではなく、似た者同士で。

性格や容貌、経済のよしあしを比べ、自分の心を安定させようとするが、うまくはいかない。人はみな違うので、その違いを見つめざるを得ず、次第に嫉妬が出てくる。それを比較地獄、嫉妬地獄と私は呼んでいるんです。

嫉妬から他人を引きずり下ろす、徒党を組んで権威のある人間を攻撃する。ツイッターもそうでしょう。その嫉妬地獄が国民的な広がりを見せると、社会全体がうつの状態になる。産業でも学界でも学校でもうつ病が多発するんです」

人との比較や嫉妬がうつっぽい気分をもたらすというのは、なんとなくわかる気がする。そんな思いが続くと、自分の顔も険しくなっているのがわかる。

先ほどの小山さんは寺での日々の作業を経て、比較地獄から抜けだし、楽になった。でも、よくよく話を聞いてみると、いいことばかりでもなさそうだ。彼は一つ困った状態に追い込まれている。

40代で喫茶店を始めたのは、長い休みをとって海外で冒険的なことをしたかったからだ。実は彼も若い頃から登山が好きで、長野の山岳会で難しいルートを幾つも登り、やはり私と同じく、ダウラギリを目指し敗退している。私よりもさらに高い標高7950mまで達したが、頂上まで高度差220mの所で下山せざるを得なかった。

その後はヒマラヤ遠征から離れ、北米をバイクで横断したり、自転車で縦断したりするひとり旅を続けてきた。すでにアラスカからカナダまで自転車で走っており、いずれカナダから出発し、米国、中米、南米へと南下するつもりでいた。

ところが、喫茶店も閉じ、時間は十分できたのに、なかなか踏ん切れない。月日は流れ、今はコロナでそれどころではなくなった。

「年を食って一つだけ言えるのはね、内側の情熱が下がっていくということです。それがよくわかりますよ」

毎日のトレーニングは欠かさないため、小山さんの脚は筋肉がみなぎっている。すべて準備万端なのに、情熱だけがどうしても湧いてこない。

「行くぞ、行くぞっていう思いはあるんですけど、ここ2年、もうかつてのような情熱がなくなっているんだろうなあって思うんです」

比較地獄から抜けだし、達観に至るのはとてもいいことのように思える。だが、嫉妬のような感情が消えたとき、同時に、情熱までもが奪われてしまうのだろうか。

逆に言えば、情熱を持ち続けるには、エゴや他者に認められたいといった欲望が必要なのではないか。

つまり、嫉妬と情熱は、抱き合わせ。嫉妬を捨てて達観した途端、情熱は消えてしまうのかもしれない。

「情熱か達観か。さあ、どちらを選ぶ」

もしかしたら、誰もがその究極の選択を迫られているのかもしれない。

いや、きっと自分で選ぶことなどできないのだ。

ごく自然に、中途半端に両方を抱えたまま、静かに静かに衰えていくのだろう。

24

なぜ登る？突然の不思議な気持ち

登山家に「なぜ山に登るのですか？」と問うことはまずない。なんだか気恥ずかしいからだ。言わずもがなという気もするし。でも、一度、空手仲間の先輩格の友人、スカルブリンさんの紹介で、イタリア登山界の先駆者、リカルド・カシンさん（1909〜2009年）にお目にかかったとき、つい聞きたくなった。神々しい言葉を与えてくれるような気がしたからだ。

カシンさんが99歳の年、亡くなる1年余り前の2008年5月のことだった。

カシンさんは北イタリアの小さな町レッコで鍛冶屋をしていた10代の頃、近郊のドロミテ山塊で岩登りを始めた。背は低いががっしりした体形でバランスが抜群に良く、29歳の年のグランド・ジョラス北壁ウォーカー稜《りょう》をはじめ、アルプスに100以上のルートを切り開いた。

第二次世界大戦中はナチスに抵抗するレジスタンスとしてアルプスにこもったこともあった。カラビナやハーケンなどを考案し製造販売する登山道具会社「カシン」で生計を立てながら、40代でカラコルムのK2やガッシャーブルムⅣ峰へ遠征した。

90代前半まで孫娘とドロミテの岩壁を登っていたというカシンさんは99歳でもかくしゃくとしていて、1970年代に来日した際に会った登山家の加藤保男さん（1982年、エベレスト登頂後死亡）らの写真を私に見せてくれた。

「日本にはいい登山家がいたねえ」と笑顔を見せたのを機に、私は少し恥ずかしい気持ちでこう聞いてみた。

「カシンさん、なぜ山に登るんですか」

「ペルケ（なぜ）?」

そう問い返したカシンさんは私の目をにらむようにじっと見ると、両手で岩を登るポーズをしながらこう言った。

「何も考えず高みを目指す。それだけだよ。神に近づくとかそんな大それたことじゃない。岩をよじ登り高みに行く。それが気持ちいいんだ」

瞬時に、真面目に答えた言葉だった。

２０２０年2月、奥多摩の自然を見せるＮＨＫの動物番組を見ていたら、ガマガエルが沢を上へ上へと登り続ける映像があった。最初は、かわいいな、いじらしいなと笑いながら見ていたが、私は次第に目が離せなくなった。

なんだかガマガエルの姿が山を登り続ける人間のように思えたからだ。ガマガエル本人が何を考えているかはわからない。きっとさほどのことは考えていないのだろう。でも私の目には、「ひたすらに」「懸命に」あるいは「無心」になって高みを目指しているように思え、その背中がとてもいじらしく思えた。

いじらしい。そんなにしょっちゅう感じる感覚ではないが、そのときそう感じたのは、人間も意外にそう変わらないかもしれないと思ったからだ。

近代登山は欧州アルプスで始まったが、もともと人間は太古から山に登っている。それが山岳宗教となり、日本の場合、ほとんどの山が信仰の対象になっている。イタリアの人類学者で登山家のフォスコ・マライーニ（１９１２〜２００４年）によれば、日本の山岳信仰は中国の仙人思想がもたらしたものだという。真相はわからないが、そのように宗教や思想になる前から、人はわけもなく山に登っていたはずだ。

ばかと煙は上にのぼりたがるというが、上に登る、どんどん登っていくという行いは、もともと人間の中にプログラミングされた生態なのではないか。

そんな人間の謎を考える際、格好の取材対象は自分自身だ。自分を掘り起こし、考えてみるのが一番だ。

私はなぜ始めたのか。14歳で始め、翌年の5月の連休に兄に八ヶ岳の雪山に連れて行かれたのがきっかけだった。稜線から下を見たとき、それまで感じたことのない高度感に魅せられた。あるいは、他にできるスポーツが、他に得意なものが何もないという中学生らしい劣等感の裏返しだったのか。と思ってもみたが、いずれも後づけの理由という気がする。

その後、兄はやめてしまったので、一人でハイキング程度の山登りを続けた。ガイドブックや月刊誌「岳人」や「山と溪谷」を買って、登山の記録を読み、自分で計画を立て、それを実行した。実際に頭の中で描いている山や道のイメージと本物との間にある大きな落差。頭で考えていることと体を動かすことの間にある大きな違い。イメージと現実の違いを何度も何度も思い知らされることで落差を埋めていく。いわばシミュレーションのプログラムを作っていく面白さに、はまったというのもあるが、それも付随的な理由だ。

中学に2人ほど、高校にも2人、「あいつも山に登っている」という生徒がいて、そういう人間にひかれた時期があった。「お前も山、やっているの」と近づいていって一緒に登ればいいものを、声をかけることはなかった。たまたま通学電車で一緒になり向こうから話しかけてくると妙に意識してしまい、ドキドキすることもあった。あれはなんだったのだろう。

私は中学の頃、20代後半の塾の先生に「うじ虫くん」というあだ名をつけられるほど、初対面の人の前ではもじもじし、うまく話のできない人間だった。だから、登山をしている学友の姿を認めても、尊敬や羨望の目でその後ろ姿や歩き方を見ているだけだった。

仲間もできないまま山を登っていた14歳の冬、山梨県にある乾徳山《けんとくさん》で変な気持ちになったことがあった。

狭い雪の登山道を登っていくと、大きな岩が散らばる広い斜面に出た。リュックを下ろして5分ほど休み、再び歩き出したとき、自分の気持ちが、歩いている自分を眺めている気がした。

気持ちなんてものは当時も今もあやふやなもので、実体などありはしないのだが、記憶の中の「そのとき」はそんなふうだった。そして、体から離れた「気持ち」が歩いている私を「よくやっているな」「頑張っているな」という目で見ていた……、という記憶として残った。

これに近い感覚はその後も何度かあったが、その乾徳山が初めてだった。のちに「離人症」という言葉に行き当たり、調べてみたら、何か大きなストレス、精神を痛めつけるような体験をした後に、これに似た症状が出るという。しかし、私の場合、「症」と言われるほどのことはなく、それにとらわれ続けることもなく、むしろ一瞬に近い出来事だった。

仮に「大きなストレス」があったとすれば、乾徳山に登る前年、つまり、山登りを始める前の年、13歳の夏の瀕死体験が考えられる。

死にかけたのは茨城県の大洗海岸に家族で海水浴に出かけたときだった。午後もだいぶ回った頃、私は2歳上の兄と遊泳禁止の浜辺で泳いでいた。夢中になって潜っては水面に戻り潜っては戻りを繰り返していたら、方向が一瞬わからなくなった。水面に出て浜を探すと、すでにかなり沖の方まで流されていた。

先ほどまで近くにあった浜の黄色いパラソルが点のように小さくなっている。それはせいぜい100、いや200mほどの距離だったのだろうが、私の目には、はるか彼方の夏の雲のように遠かった。

すぐに戻らないと、と焦った私は平泳ぎを繰り返したが、いくら泳いでも浜は近づかない。それどころかどんどん遠くなっていく。すると水が急に冷たくなった。私はパニックに襲われた。

「大丈夫かー！」という兄の声が聞こえたときは、すでに体が沈み、それを必死になって海面に戻そうともがいている最中だった。

兄が近くに来たので、私はしがみついた。兄はそれを振りほどき、その代わりに、水中に沈んでいく私の体を下から何度も何度も押し上げようとした。

それでも私の体は海の底にある強い力に引っ張られたように、どんどん沈んでいく。嫌というほど海水を口、鼻から飲み、もうダメだと観念した。

息ができず、胸が張り裂けるような苦しみから逃れようと必死になって光を目指し、両手で水をこぐと、一瞬、顔だけが海面に出るが、再び体は沈んでいく。

記憶では、そこは海ではなく泥流のようだった。

濃いめの黄土色の粉状の泥の中を私の意識は下へ下へと降りていき、その泥流の色はますます濃くなり、意識は漆黒に向かって吸い込まれていく。

私の膝がザクッというふうに激しく砂にあたり、最後はもんどり打ったようになって浜辺に打ち上げられた。救急隊員らしき大きな大人が私の腕をグイッと引っ張り上げ、私は波打ち際に寝かされた。

助かった。

立つことはできなかったが、生き残ったことを実感し、私は水を吐き続けた。

兄によれば、私が溺れて彼にしがみついたときはまだ良かったが、その後は何度押し上げても、私の体は海の中へと沈んでいった。

兄が助けるのを諦めたとき、それまで沖に向かって流れていた波の向きが180度変わり、一気に浜へと向かい始めた。そして、その大波に乗って私の体が海面に浮上し、浜へと打ち上げられたそうだ。

体が沈んでいったときの感覚はこうだ。

それまで、といってもたったの13年あまりにすぎない人生で、自分の意識、意志をこんなに強く、生々しく感じることはなかった。

なんだ、こんなに簡単なことだったんだ、もっと早くにしていたら自分は人生を無駄にせずに済んだのに。

死にたくないという思いの脇でそんなことを感じていた。子供なのにずいぶんと冷めた、悟ったような思いに襲われていた。

その日を境に私は海に入らなくなった。家族は海を忌避しもう海水浴に行くことはなかったし、私は中学2年の夏の臨海学校にも参加しなかった。

「死にかけたから」と思ってのことではなく、知らず知らずに離れていった。

大学生の頃、女の子に誘われ一度だけ海でキャンプをしたことがあった。翌朝起きてみると、その子はひとり素潜りをして貝をとっていた。だが、私はそれを磯辺で見ているだけだった。自分では理由がわからなかったが、水に入れなかったのだ。

この体験の影響かはわからないが、溺れた翌年、私は登山を始め、その夏の終わり、奥秩父で奇妙な体験をした。

同級生3人と山に登り、金峰山の小屋に泊まった夜中、寝袋に入り目をつぶるとまぶたの裏に山の稜線の映像がぽっと浮かんだ。

紅葉寸前の薄緑から山吹色の疎林に覆われた、馬の背のような尾根だった。人は誰もいない。日が当たり、疎林の影が尾根にまだら状にできており、そこに登山道が続いている。

のどかな尾根の道だが、その光と影、登山道の上を風でゆらゆらと揺れる木の影が、なぜか恐ろしく思えた。

私はその時、一度も奥秩父の尾根筋を歩いていなかった。山の樹林限界、稜線に立ったこともなかった。なのに、小屋での寝入り端、見たこともない尾根の風景が現れた。

夢想癖のあった私が、単に明日登る予定のルートを思い描いただけだとそのときは思った。それでも奇妙なのは、晩夏の陽を浴びた尾根上の影を恐ろしいと感じたことだ。

翌朝、そんなことはすっかり忘れ、仲間たちとはしゃぎながら尾根へと登っていった。いくつかのピークを越えていくうちに、たまたま前にも後にも誰もいなくなる瞬間があった。気分よく歩き、登山道を回り込んだとき、前の晩にイメージした映像そのままの風景が目の前に現れた。

私はしばらく立ちすくんだ。

夏の終わりの光に包まれた尾根道がそこにある。そして、その光と影でできたまだら模様の中に、何かがいるように思えた。

仲間3人は少し先の、見晴らしのいい登山道で待っていたが、今しがた見た風景のことを私は話さなかった。

山から下りてしばらくして仲間の一人にそのときのことを話してみると、彼は納得顔になり、井上靖の文章に、沢の淵の日だまりに何かがいるように感じるという話があったと教えてくれた。

それを聞いた私は、よくあることなのだと安心した。

海での瀕死体験が影響したかどうかはわからない。それでも、あの尾根道の光景は私の中に長い間、濃い記憶として残った。

その体験が後押ししたのか、私はその夏から一人で登るようになった。中学生が一人で夏だけではなく、冬の山を歩くのは、珍しいことだった。山を歩くという行為より、自分では気づかぬうちに、自然の中で、たった一人になろうとしていた。

そして、夏の出来事から半年後の冬に起きたのが乾徳山での体験だった。自分の「気持ち」が自分を見ている、「離人症」のような記憶。

その体験は、大洗海岸の後遺症という気もするが、どうだかわからない。直後に来てもよさそうなのに、1年以上後の冬山で出てきたからだ。

25

人は生きている、自分も生きていていいんだ

27歳の11月、屋久島の沢でザイルで下降中、にっちもさっちもいかなくなり宙吊り状態で数分間、墜落の恐怖を味わったことはすでに書いた。これには後日談がある。

真っ青になってどうにか沢に下り立った私は米丸君と2人、何事もなかったかのように、さらに上へ上へと登っていった。いくつかの滝でザイルも出した。そして沢の源頭に近い上流部にテントを張り、たき火で飯を炊いて寝た。この辺りのことは、自分の心理状態も含め、ほとんど覚えていない。断片的だがくっきりと記憶しているのは次の日のことだ。

早朝、霧の中を私たちは頂上を目指し、ほとんどヤブこぎもないまま沢の詰めの詰め、源頭部を歩いていた。すると、ヤクシカが4頭現れ、

跳びはねながら進んではこちらを振り返り、また進んでは振り返りを繰り返していた。

思わず米丸君と目を合わせた。霧の中でヤクシカが「こっちですよお」「さあ」と私たちを頂上へいざなっているように思えたからだ。

頂上を経て登山道を駆け下り、トロッコ道、縄文杉を経て海岸までたどり着いた私たちは、一応は身なりを整えると左手を上げた。ヒッチハイクだ。するとすぐに、マツダのファミリアに乗ったひとり旅の女性がとまってくれた。東京のアップル社に勤めている女性で、「山に行ったんですか」と人懐っこい。「だったら、一緒に屋久島観光しましょう」と言われ、結局、意気投合した私たちはその晩、同じ民宿に泊まることになるのだが、私は終始、心ここにあらずで、ぼーっとした気持ちでいた。

観光といっても、車に乗って、展望台から滝を見たり、岬をめぐったりだ。ある岬に着いたとき、ポンポン船が屋久島から沖に向かってゆっくり遠ざかっていくのが見えた。

おそらくそれは沖永良部島《おきのえらぶ》への定期船だったと思うが、そんな知識はどうでもよかった。ただ、「船が行くなあ」と思って眺めていたら、突然、私の気持ちが波立った。あの小さな島へ、屋久島から船が行く。でも屋久島は島だ。屋久島の本土は鹿児島か。いや、九州か。九州の本土は本州で、日本があって、ユーラシア大陸があって……。

そのとき、私の体は岬にありながら、気持ちだけがぐーっと上に上がって、その岬から小さな島を鳥瞰しているような感覚をおぼえた。と同時に、私は「あの船が行く、向こうの、あの小さな島で人が日々生きている」と思ったとたん、突然おえつを漏らしていた。

そこに人が生きている。

後から考えれば、そんな当たり前のことを思って感動した自分が不思議で仕方ないが、気持ちよりも心よりも、体が反応していた。

すると、自分が恥ずかしくなり、目の端で上の方にいる米丸君と彼女を確かめると、そっぽを向いて涙を拭った。

そのちょうど1日前、私は宙吊り状態の恐怖から、本当に運良く生還することができた。たまたまリュックが木に引っかかった、その偶然から私は助かった。

でも、そこに至るまでの数分間は、こうして原稿を書いている今も、手が震えるほど生々しく残っている。相当なストレスだったはずで、岬でのおえつは、おそらく、死へと向かい生還に至るまでの激しいストレスの後遺症だったのだろう。

ポンポン船の姿は煙までよく覚えているのに、その後どうやって帰ったのかも、船でどう鹿児島港に着いたのかも、彼女の顔も、もはや記憶の外だ。

それなのに、あれほどの恐怖を味わったのに、まだ登り続けている。全くばかである。あの断末魔、「もうしません。二度と登りません」と誓いながら、生きて帰ったら懲りずにまだ登っている。

でも、もしかしたら、生きるとはそういうことなのかもしれない。

人が生まれて消えるまで、それは生命という一本の線にたとえられる。

山登りとは、その一本の生命の中で、その線のしなりやゆがみ、はかなさを試してみる加圧実験のような、疑似体験のような試みなのではないか。

登っては下りてくる。死に近づいては生還するという、はたから見たらばかげた行為は、アメリカの映画監督、ジミー・チンさんに言わせれば、それこそが「健全なこと」である。自分の人生の意味を再確認するための営みだと彼は言う。

それもそうだろう。だが、一定数の人間は、もしかしたら太い命の線の中にいくつも「擬似生命線」と呼べそうな細い線を隠し持っていて、あるとき、ふとそれを試さずにはいられなくなるのではないだろうか。

登山でなくてもいい。一見無意味な行為を人間が続けていくのは、それを試さずにいられれないから。

屋久島の岬で私の心の内はこうだった。

人が生きている。あんなに小さな島で人が暮らし、日々生きている。

私はそのいじらしさに感動し、人を心の底からいとおしく思った。どんな人でもどこにいても、何をしていても、何もかも許せる。そんなふうにも感じていた。

一つ一つの生が貫く、意味のあるものに思えたのだろう。

あの体験がなければ、ひいては山に登らなければ、そんな思いは湧いてこなかった。

なぜこんなことをしているんだ。こんなに苦しいのに、大金をはたいて、いい年をした男が。なぜヒマラヤの8000mなど、目指しているんだ。

ダウラギリを登りながら考えていた問いの答えを私は屋久島で得ていたのかもしれない。

自分が生きていることを、生きていていいんだということを、60歳を間近にして、再び知りたかったのだろう。


（了）

出典・参考文献

『プルースト効果の実験と結果』佐々木愛著、文藝春秋、2019年

『極夜行』角幡唯介著、文藝春秋、2018年

『K2に憑かれた男たち』本田靖春著、ヤマケイ文庫、2014年

『冒険登山のすすめ　最低限の装備で自然を楽しむ』
米山悟著、ちくまプリマー新書、2016年

「認知能力と気分に与える高度の影響」
米ナショナル・アカデミック・プレス、1996年

『登山のルネサンス』高山研究所編、山と溪谷社、1982年

『シナプスが人格をつくる　脳細胞から自己の総体へ』
ジョゼフ・ルドゥー著、谷垣暁美訳、みすず書房、2004年

『反戦の手紙』
ティツィアーノ・テルツァーニ著、飯田亮介訳、WAVE出版、2004年

『リヴァイアサンⅠ』
トマス・ホッブズ著、永井道雄、上田邦義訳、中公クラシックス、2009年

『en avant :アナヴァン』
2005年6月号「登山法点検　(5)山登り 本性さらす 高みかな」

『乾いた山』原真著、山と溪谷社、1977年

『メメント・モリ』原田宗典著、新潮社、2015年

『トロムソコラージュ』谷川俊太郎著、新潮社、2009年

『辛口甘口へらず口──国と社会と人のかたち』
石川好、佐高信著、清流出版、1995年

『恥辱』J・M・クッツェー著、鴻巣友季子訳、早川書房、2000年

『資本主義の「終わりの始まり」──ギリシャ、イタリアで起きていること』
藤原章生著、新潮選書、2012年

藤原 章生

ふじわら・あきお

1961年、福島県いわき市生まれ、東京育ち。
父は津山、母は岡山人。都立上野高校、
北海道大学工学部卒業後、エンジニアを経て
89年より毎日新聞記者として長野、南アフリカ、
メキシコ、イタリア、福島、東京に駐在。
戦場、人物ルポ、時代論を得意とする。
「絵はがきにされた少年」で2005年、
開高健ノンフィクション賞受賞。
主著に『ガルシア＝マルケスに葬られた女』
『ギリシャ危機の真実』『資本主義の「終わりの始まり」』
『湯川博士、原爆投下を知っていたのですか』
「答えのない話をやさしく面白く」がモットー。

ぶらっとヒマラヤ

印　　刷　2021年2月20日
発　　行　2021年3月5日

著　　者　藤原《ふじわら》 章生《あきお》

発 行 人　小島明日奈
発 行 所　毎日新聞出版
〒102-0074
東京都千代田区九段南1-6-17
千代田会館5階
営業本部　03(6265)6941
図書第一編集部　03(6265)6745

装　　丁　寄藤文平・古屋郁美(文平銀座)
印刷・製本　三松堂

JASRAC 出 2100708-101

ISBN978-4-620-32669-6